KB063112

제4차 산업혁명 시대

# 성공적인 여성 조직 50가지 노하우

손석주 지음

BOOKSTAR

머리말

이 글은 이론서가 아니다. 논문도 아니다. 그렇다고 나의 자서전도 아니다. 직장 생활 30여 년간 여성 조직을 관리하면서 겪었던 성공과 실패의 경험들을 바탕으로 여성 조직 관리자가 알아야 할 여성 조직 관리의 노하우로 정리하였다.

오래전 군대에서 제대 후 처음 회사에 입사하던 때의 생각이 난다. 그 시절 나는 군대에서 보병 소대장으로 군 복무를 마쳤었다. 보병 소대장이라면 통상 1개 소대 30여 명의 사병을 2년여간 매일 관리해야 했었다. 그런데 회사를 입사하니 우리 과의 남자 사원은 나 하나, 그 외 모든 사원은 여직원 8명이 전부였다. 그 당시는 학력별 직급을 부여받던 시대였으니, 나는 신입사원이면서도 여직원 8명의 업무를 지시하고 관리하는 일을 맡았었다. 그 당시를 기억해보면 30여 명의 남자 사병을 지휘하는 것보다 불과 8명의 여직원과 함께 일하는 것이 얼마나 어려웠던지 평생 잊히지도 않는다. 초등학교 시절부터 남자들 속에서만 살아 온 내가 여직원들의 생각이나 의도를 거의 알아차리지 못했으니 매번 좌충우돌하며 부딪히기

일쑤였고, 그 결과는 여러 번 부족한 성과로 인하여 상사로부터 핀잔을 듣기도 하였었다.

그 후 서울과 지방에서 지점당 이삼백 명의 여성을 지휘하는 지점장으로 두 차례 근무하였으며, 차후에는 500여 명의 여성을 관리하는 콜센터 총괄사업본부장으로 근무하면서 매일 여성 직원들과 머리를 맞대고 함께 문제를 해결하기도 하고, 조직의 목표를 달성하기도 하였으며, 여러 차례 여러 곳에서 많은 성과를 이뤄내기도 하였다. 물론 그중에는 간혹 부끄럽거나 어렵고 힘들었던 경우도 없지 않았다.

최근 산업 사회의 발전과 사회적 구조의 급격한 변화와 아울러 과거에 없었던 여성 조직, 즉 여성이 조직 구성원의 대부분을 차지하거나, 심지어는 남자 직원이 한 명도 없는 여성 조직이 여러 분야에서 새롭게 등장하고 있다. 그러나 다양한 산업의 여러 분야에서 새롭게 등장하는 여성 조직의 성공적인 관리에 대하여는 지금까지 우리가 생각하지 못했던 많은 문제점이 대두되고 있는데도 불구하고 이러한 문제들에 대한 해결책이나 대응 방안을 어디에서도 찾아보기가 어려운 것이 현실이다.

나는 30여 년의 직장 생활 대부분을 여성 조직을 관리하면서 보냈다. 때로는 매우 성공적으로, 그러나 때로는 어렵고 힘든 과정을 거쳐서…… 이러한 경험들을 이제 글로 엮었다. 만약 '우리 아들이 여성 조직의 리더로 발령난다면 나는 아들에게 무슨 이야기를 하여야 할까?'를 생각하면서 과거의 성공 경험들과 시행착오들을 중심으로 이 글을 정리하였다. 여성 조직을 관리하는 경영자나 리더 또는 새롭게 여성 조직으로 발령받게 된 관리자들에게 반드시 알아야 할 노하우를 이 글에서 제시하고자 하였다.

이 글을 읽는 독자들이 남성이건 여성이건 관계없이 이 글을 읽고 적어도 다음과 같은 내용을 확실히 이해하기만 한다면, 적어도 여성 조직 관리에 있어서 실패는 대폭 줄일 것이며, 분명 더 좋은 성과를 얻을 수 있을 것임을 확신한다.

첫째, 여성과 남성의 특성이 다르듯 여성 조직의 특성은 남성 조직의 그것과 다르다.

둘째, 여성 조직을 관리하거나 동기부여 하는 방식 또한 남성 조직과 분명 다르다.

셋째, 여성 조직의 관리자는 적어도 50여 가지의 노하우를 이해하고, 준비하여야만 한다.

끝으로 이 글을 쓰면서 나로 하여금 용기를 갖고 글을 쓰게 해주신 모든 분들의 배려에 감사하며, 좋은 책을 내도록 애써 주신 출판사의 박정태 대표님 이하 모든 분께 진심으로 감사드린다. 아울러 늘 나를 기다려 주고 후원하고 이해해 주는 아내와 언제나 나에게 힘이 되어 주는 두 아들에게 이 책을 통해 사랑을 전한다. 또한, 일평생 나의 길을 준비해 주시고 이끌어 주시는 하나님께 두 손 모아 감사를 드린다.

2018년 3월

손석주

# 차례

## Chapter 3 　　끝까지 신뢰하라. 권한을 이양하라

## Chapter 4 　　꿈꾸게 하라. 동기부여 하라

## Chapter 7　　여성 조직의 리더가 반드시 알아야 할 10가지

CHAPTER **1**

# 남자와 여자는
# 다르다

제4차 산업혁명 시대 성공적인 여성 조직 50가지 노하우

# 01 >>>>> 남자와 여자는 다르다

남자와 여자는 다르다. 생각이 다르고 감각이 다르고 반응이 다르고 행동이 다르다. 오래전부터 각계각층에서 남녀 차이와 관련된 논문이나 저서가 수천 건 이상을 헤아리는 것을 굳이 일일이 예로 들지 않더라도 이 세상에서 가정에서나 조직에서나 또는 기업에서나 남녀 차이가 분명 존재한다는 것에 대해서 누구나 인지하고 있으며, 부정할 수 없다는 것은 당연한 일일 것이다. 남녀 차이에 관한 논문이나 저서가 많다는 것은 남녀의 차이가 있음을 인식하고 있는 것뿐 아니라 왜 차이가 나는지에 대한 정확한 답을 아직도 완벽하게 구하지 못한 것이 아닌가 하는 생각도 든다. 굳이 외모의 차이가 아니더라도 남녀는 생각이 다르고 감각이 다르고 반응이 다르고 행동이 다른 것 또한 분명하다. 하지만 그것이 선천적으로 다르다거나 후천적으로 다른지에 대한 문제는 연구자늘에게 맡기기로 하더라도, 실제 남녀 차이가 분명 존재한다는 것은 확실할 것이다.

## 조직의 특성에 따라 관리 방법도 달라져야 한다.

현대 사회는 조직과 조직으로 이루어져 있다. 사람은 독단적으로 혼자 생활하거나 삶을 영위해 나갈 수 없으며, 누구나 종교적인 조직이든, 취미나 여가를 위한 조직이든, 아니면 일을 위한 조직이든 어떠한 형태로든지 개인들 각자가 다양한 조직 구조 속에서 조직의 일부인 하나의 구성원으로 속해져 있으므로, 그 조직 내에서 함께 활동하고, 일하고, 생활해 오고 있는 것이다. 따라서 조직의 흥망성쇠가 개인의 생활에도 영향을 미치게 되는 것뿐만 아니라, 반대로 개인의 성장이나 실패가 조직의 성장이나 존속에도 영향을 미치게 됨으로 개인과 조직은 떼려야 뗄 수 없는 관계가 되어 버렸다. 그런데 문제는 조직 구성원의 형태가 과거와 다르게 크게 변모해 가고 있다는 것이다.

과거 오랜 역사 속에서의 대부분의 조직은 남성 중심 조직이었다. 석기 수렵시대부터 전쟁을 위한 군사 조직이나 근현대의 직장 조직도 대부분 남성 중심 조직이었다. 일부 아마조네스 같은 전설 속 여성 조직도 있었다고 하지만, 대부분의 오랜 역사 속에서 한결같이 지켜져 온 것은 어느 나라나 또는 어느 종족을 막론하고 가정 내의 일은 여성이, 가정 외부의 일터에서의 일은 남성들이 담당하는 것이 오랜 역사 동안 변함없이 이루어져 왔다. 이러다 보니 여성 조직은 매우 미미하거나 가정이나 친족을 중심으로 이루어진 반면 대부분 외부에서의 조직은 남성 중심 조직이 대세를 이루었다. 그러나 현대 사회에 들어서면서 최근 불과 수십 년 전부터 여성들이 자아를 찾아가며, 사회로 대거 진출하여 자기만의 일을 갖게 되고, 남성 중심 조직 속에 여성들의 합류가 점차 증가하게 되었다. 이로 인하여 최근까지 조직 내에서 여성들의 문제는 남성 중심 조직 내에서의 사회 진출이나 승진, 진급과 관련되어 남성과 여성 간의 갈등 등 여러 가지 문제들이 나타나고 논의되어 왔다.

그런데 최근 산업사회가 급속히 발전하면서 새로운 산업이 등장하고, 그 산업을 이끌어 갈 하나의 대안으로 지속적으로 새로운 조직 형태가 다양하게 생겨나고 있음은 어찌 보면 당연하다고 할 수 있다. 새로운 조직은 백화점이나 화장품 등 판매 조직이나, 콜센터, 학습지 회사 등 대부분 고객을 직접 대하는 여러 분야에서 남성 중심 조직이 아닌 여성 중심 조직이 새로이 탄생되고 급속히 확대되거나 그 규모들이 성장하고 있으므로, 조직 구성원의 구성 자체가 그동안 경험하지 못했던 조직 체계로 구성되고, 새로운 운영 방법을 요구하고 있는 것이다.

우리가 고려해야 할 문제는 남성과 여성 사이에는 분명 차이가 있다는 것을 인식한다면, 서로 다른 구성원으로 구성된 남성 중심 조직과 여성 중심 조직의 특성에도 분명 차이가 존재할 수밖에 없다. 조직의 특성이 서로 다르다면, 조직의 성과를 높이기 위한 방안이나 조직의 성장을 위해서 조직의 운영이나 관리 방법, 즉 조직 리더의 리더십 스타일도 바뀌어야 하는 것은 당연하다. 그런데 최근 등장하는 여성 중심 조직인 콜센터뿐 아니라, 보험회사의 지점이나 영업소, 심지어는 백화점과 같은 여성 중심의 판매 조직에서 보면 여성 중심 조직을 운영하고 관리하는 리더가 꼭 여성이든 남성이든 상관없이, 여성 중심 조직의 특성을 이해하지 못하는 리더가 여성 중심 조직을 이끌어 감에 있어서는 많은 시행착오를 겪을 수밖에 없다는 것이 불가피할 뿐만 아니라 조직의 더 나은 성과를 기대하는 것도 매우 어렵거나 혹은 불가능할 것으로 생각된다.

나는 오래전 보험회사의 지점장으로 처음 발령받았을 때 대규모 여성 조직을 관리하는데 참 많은 어려움을 겪었었다. 나보다 직급이 낮고, 나이도 적은 남성 중심 조직, 그것도 몇 명 안 되는 인원을 관리하다가 어느 날 갑자기 수백 명의 여성 조직, 그것도 나이가 20대부터 60대까지 다양하게 분포되어 있으며, 사회 경력도 지점장인 나보다 훨씬 더 다양한 여성 조직을 이해하고 그들을 목표 달성을 위해 한 방향으로 이끌어 간다는 것은 실로 어려웠다. 그때는 내 나이가 만 40세도 되기 전이었으니 지점장인 나보다 나이가 어린 여성 직원은 별로 없었고, 나이가 많은 직원이 대부분이었던 것으로 기억한다. 심지어는 나의 어머니와 비슷한 또래의 분들도 몇 분 조직 내에 포함되어 있었다. 그 당시 나보다 직급이나 나이가 아래인 경우는 관리직 직원 불과 몇 명과 지점 산하 영업소장 10여 명이 전부였던 것으로 기억한다. 그때의 어려웠던 경험들이 불과 몇 년 후 다른 지점장으로 2차 발령받으면서는 훨씬 더 많은 여유로움을 느끼게 되었다. 그 후 얼마 지나지 않아 수백 명이 넘는 대형 콜센터의 사업본부장을 맡게 되면서 콜센터에서 있었던 많은 일을 돌이켜보면 지점장으로서의 두 번의 경험이 여성 조직을 관리하는 데에 큰 밑거름이 되었음은 매우 당연하다 하겠다. 나뿐만 아니라 다른 누구든지 특성이 다른 여성 중심 조직을 제대로 운영 관리하기 위해서는 많은 경험이나 교육 훈련이 필요하다고 생각된다. 따라서 조직 관리의 시행착오를 줄이기 위해서는 사전 조직의 특성에 대한 올바른 이해가 더욱 절실할 것으로 생각한다.

## 남성 조직과 여성 조직의 운영 방식, 리더십은 달라야 한다.

남성과 여성은 분명 다르다. 사물에 대한 생각이 다르고, 느끼는 감각이 다르고, 감각에 대해 반응이 다르며, 표현하는 행동이 또한 다르다. 남성 중심 조직과 여성 중심 조직도 구성원의 차이에서 오는 다른 특성들을 분명 가지고 있음을 잊어서는 안 된다. 따라서 남성 중심 조직을 운영하는 리더와 여성 중심 조직을 운영하는 리더는 서로 경험이 다르고, 교육 훈련 방법이 다르고 리더십 스타일이 달라져야 한다. 그저 직급이 높거나, 혹은 나이가 많거나 학력이 높다고 조직을 잘 관리하는 것은 절대 아니다. 산업사회 발전과 함께 새롭게 등장한 많은 여성 중심 조직들을 효과적으로 관리하고 더 높은 성과를 내며 조직의 지속적인 성장과 미래 발전을 위해서는 리더의 리더십과 조직의 운영 정책은 달라져야 할 것이다.

다시 말해서, 남성 중심 조직과 여성 중심 조직의 운영 방식이나 리더의 리더십은 분명히 달라져야 한다.

# 02 > > > > > 남자는 직접 화법을 사용하고 여자는 간접 화법을 사용한다

통상적으로 남자와 여자의 의사 표현에는 많은 차이가 있다고 이야기한다. 《화성에서 온 남자, 금성에서 온 여자》의 작가 존 그레이는 그 원인을 생물학적 근원에서 찾고 있다. 다시 말하면, 태어날 때부터 남자와 여자의 의사 표현 방법은 다르다는 것이다. 최근에는 그 원인이 문화적 차이에 있다는 주장이 더욱 힘을 얻고 있는데, 《남자의 말, 여자의 말》의 저자 데보라 데넌은 생물학적인 원인보다는 과거의 경험, 생활습관, 문화 등의 차이에서 남녀 간의 의사 표현의 방법이 달라졌다고 주장하기도 한다. 우리나라에서 최근 학자들 간에는 후자의 주장이 더욱 힘을 얻고 있다고 한다. 후천적으로 문화적 차이에 의해서 남녀 간 의사 표현의 차이가 있다는 것이 보편적 진리라 하더라도 어느 부모도 일부러 성에 대한 역할을 바꾸어 아들을 여성처럼, 딸을 남성처럼 양육하려고 하지 않으므로 확인할 길은 별로 없는 것 같다.

그러나 남녀의 의사 표현 차이의 원인이 어디에 있던지 현재 남녀 간의 의사 표현 방식에 차이가 있다는 것은 확실하다. 태어날 때부터 차이가 있었던지, 경험이나 교육, 생활 방식, 문화 등에서 후천적으로 차이가 발생했는지는 차치하더라도 현재 남녀 간의 의사 표현에 차이가 있다는 것은 분명하다. 남녀의 의사 표현 방식의 차이는 통상 남자는 직접 화법을 사용하고 여자는 간접 화법을 사용한다고 이야기한다. 수렵형 인간인 남성은 수렵 목표인 동물을 발견하고 동료들에게 의사를 직설적이고 간단하게 표현하지 않으면 의사 전달에 장애가 발생해, 동물을 사냥하는 데 실패할 수밖에 없었을 것이다. 그러나 여성의 경우 채집하고자 하는 타겟, 즉 식물 등이 정적이므로 다른 식물과 비교해 보거나 더 좋은 것을 고르면서 서로 다른 느낌이나 감정을 표시하고 간접적으로 표시하기도 하였을 것으로 추정할 수 있을 것이다.

## 남녀의 의사 표현 방식은 전혀 다르다.

남녀 간의 중요한 데이트 도중 남자의 전화에 전화벨이 울렸다. 업무상 일 때문에 회사에서의 긴급한 호출이었다. 이때 보통 여자는 "바쁘면 가봐."라고 쉽게 양보하는 듯 의사 표현을 하고, 남자는 "이해해 줘서 고마워, 갈게." 하고 그냥 가버린다. 여자가 가도 좋다는 의사 표현을 하긴 하였으나, 그 안에는 '나보다 전화 속의 일이 더 중요한지 두고 보자', 혹은 '데이트보다 더 중요한 게 뭐지? 가기만 해 봐' 등등 여러 가지 의미를 가지고 있을 수 있지만, 남자는 전혀 알아차리지 못한다. 그리고 그것을 남자는 여자의 말을 오해하고 정말 가버리고 나면, 그 대화나 행동 자체를 전혀 마음에 두지 않는다. 나중 그 문제로 인해 여자가 화가 나 있다고 하더라도 화난 이유를 전혀 이해하지 못한다. 또한, 여자는 남자가 자기의 속마음을 이해할 줄 알고 설명하지 않으며 화를 내기만 한다. '왜 화를 내지? 가라고 해 놓고?'

물론 대화를 하는 화법에는 각 지방의 문화적 차이도 있겠지만, 나의 경험상으로 보면 여자들의 대화 내용에는 여러 가지 뜻이 있다. 가령 여자 직원이 '회사를 그만두겠다'고 사표를 내거나 사표를 쓰지는 않았지만, 사직 의사를 밝힌 경우라도 진짜 '회사를 그만둔다'는 의미도 있을 수 있으나, 실제는 회사를 그만두고자 하는 마음은 전혀 없지만, '나 이러이러한 이유로 너무 힘들다. 나 좀 알아 달라.'라는 의미일 수도 있으므로 그들의 진정한 의미를 파악하는 것은 매우 중요하다.

M지점에 지점장으로 발령받은 지 불과 몇 개월이 지나지 않은 때였다. 보험회사의 지점은 지역 영업 및 운영을 총괄하는 곳으로 대부분 지점 산하에는 통상 10여 개 내외의 영업소가 있었다. 그중 A영업소의 총무 여사원인 J 양은 입사한 지 꽤 된 선임 여직원으로 업무 능력도 베테랑에 속하는 직원이었다. J는 어느 날 갑자기 사직서를 들고 나를 찾아왔다. "그만두려고 합니다." 평소 성격도 활달하고 일도 잘하던 J의 사직서는 나에게 충격을 주기에 충분하였다.

일단 잠시 기다렸다가 그 이유를 들어 보고자 하였다. 처음엔 좀처럼 입을 열지 않던 J는 이런 말을 하였다.

"매일매일 업무가 너무 많고, 스트레스가 지나치게 쌓여 견딜 수가 없어요. 운동을 할 시간도 없고, 야근만 하며, 먹기만 하다 보니 살이 지나치게 쪄서……", "지점장님이 제 부모님이라면 딸이 이렇게 몸이 망가져 가는데, 두고만 보시겠어요?"

사실 어린 여직원 혼자 사무실을 지키며 영업소의 출·수납 업무를 매일 혼자서 책임진다는 것, 누구에게나 쉬운 일은 아닐 것이다. 그렇다고 J가 보기 싫을 정도의 비만 상태로 보이진 않았지만, 가만히 이야기를 듣고 있던 나는 이렇게 물었다.

"그만두면 뭘 하려고?"

J는 이렇게 대답했다.

"우선 그만두고 한두 달은 열심히 운동해야겠어요. 살을 좀 뺀 다음에 다시 다른 일을 찾아봐야겠어요."

회사를 그만두겠다고 한 것은 회사의 문제일 수도 있지만, 그 부분은 큰 것이 아니라는 생각이 들었다. 그래서 "연월차가 얼마나 있지?" 하고 확인했더니, 남아 있는 연월차에 여름 정기휴가 등을 다 합치면 거의 한 달 반 정도의 휴가 기간이 될 수 있었다. 나는 이렇게 제안했다.

"모든 휴가를 한꺼번에 줄 테니 휴가를 가는 게 어때?"

특별한 사유가 아닌 한 연월차 휴가를 한꺼번에 쓰는 것은 그 당시 어떤 기업에서도 분위기상 참 어려울 때였다. 중간 관리자들이 이 이야기를 듣고 난리가 났다.

"안 됩니다. 다른 여직원도 다 이렇게 휴가를 신청하면 어떻게 하시려고 하십니까?"

특히 대구 출신 관리과장이 강하게 어필했지만, J는 그다음 날부터 장기 휴가를 떠났다. 그리고 보름이 조금 지나 월말이 다가왔다. 월말이면 지점이나 영업소가 더욱 바빠지고 정신이 없었다. 그런데 갑자기 J가 지점장실 문을 밀고 들어섰다. "웬일이야?", "월말 마감해야지요. 마감하고 또 휴가가려고요." J는 밝은 얼굴로 대답하고는 자기 영업소로 돌아갔다. 물론 그 후 J는 내가 본사로 다시 발령날 때까지 남은 긴 휴가를 더 이상 사용하지도 않았으며 즐거이 근무하였다. 또한, 다른 30여 명의 여직원 중 단 한 명도 그러한 휴가를 내겠다고 나서는 사람도 없었을 뿐 아니라 내 근무 기간에 단 한 명도 사직하지 않았다. 그때 사직서를 받았더라면 문제를 파악조차 못 하고 숙련된 직원을 잃어버리는 우를 범했을지도 모른다. 어쩌면 J가 진짜 사직하려고 했다면 지점장실로 오지 않았을지도 모른다. 그저 그 고민을 들어주고 휴가가 많아도 일 때문에 가지 못하는 분위기를 파격적으로 해결해 준 것만으로도 쌓였던 스트레스가 어느 정도 해소된 것은 아닐까 생각된다.

### 여직원의 말 속에 의미를 찾아라.

여직원들 중에는 자기의 어려운 상황에 따른 문제들을 표현하지 못하거나 아니 수없이 표현했는데도 상사로부터 묵살당하거나, 상사가 전혀 알아채지 못하는 경험들에 대한 기억을 수없이 많이 가지고 있을 것이다. 오랜 기간 여직원들과 함께 근무하면서 그들의 말 속에 많은 깊은 뜻이 담겨 있는 것을 다 알아채진 못했겠지만, 다른 사람보다는 더 많이 느끼려고 정말 노력했다. 이제는 여성 조직을 관리하는 관리자는 여직원들이 지르는 비명을 들어야 한다. 그 비명이 아름다움으로 포장되었거나, 설사 위장되어 있다고 하더라도 들으려고 노력해야 한다. 이직을 예로 들었지만, 그들의 의사 표현 속에는 여러 가지 다양한 의미가 있다. 그 의미를 파악해야 한다. 오랜 기간 여성 조직을 관리하면서 이직하겠다는 많은 사람을 면담하고 그들의 말을 그저 들어만 주었는데도 대부분 직원들은 이직하지 않았다. 이직하겠다는 말 자체가 여성들의 또 다른 의사 표현 방법일 수도 있다는 것이다.

여성들은 간접 화법을 사용한다는 것을 여성 조직의 관리자는 반드시 기억해야 한다.

# 03 >>>>> 남자는 한 가지만 집중하지만, 여자는 멀티태스킹이 가능하다

요즈음 시대가 많이 변했다고 하지만, 혹자는 결혼한 남자들 중 많은 사람이 제일 하기 싫은 것 중 하나를 쇼핑이라고 대답한다고 한다. 백화점에 필요한 물건을 구매하러 들어가면, 남자는 통상 10분, 여자는 2시간 걸린다고 이야기하기도 한다. 이것을 어떤 저자는 남자는 수렵형 스타일, 여자는 채집형 스타일에서 온 습관이라고 정의하기도 한다.

구석기시대 수렵사회부터 남자는 수렵이 주된 직업이었고, 여자는 주로 거주지 주변에서 과일이나 채소 등의 채집이 주된 일이었다. 사냥꾼 스타일과 채집 스타일의 특징을 보면, 오랜 세월 동안 수렵 생활을 해온 남자는 항상 목표만을 쫓아가는 습관이 몸에 배어 있고, 여자는 밀림이나 넓은 초원에서 야생동물의 습격을 피해가면서 먹을 수 있는 과일이나 풀들을 채집하다 보니 주변을 잘 살펴야 되는 습관이 몸에 배게 되었다는 것이다. 이것을 현대적 용어로 해석한다면 남자는 목표 지향형, 여자는 멀티태스킹형이라고 한다.

백화점에 들러 자기가 필요한 물건을 사는 남자는 당연히 자기가

정해 놓은 목표를 향해서 바로 나아가지만, 여자의 경우는 물건을 살 목표가 있든 없든 일단 백화점에 들르게 되면 물건을 사기 전에 온 매장을 다 둘러보고 나서 물건을 사거나 또는 그냥 나오곤 한다. 그뿐만 아니라 남자의 경우 물건을 살 생각이 없다면, 당연히 백화점에 가지 않게 되지만, 여자의 경우는 살 물건이 없어도 주변을 둘러보는 이른바 아이쇼핑 Just Browsing을 하게 되는 것이다.

## 남자는 목표 지향형, 여자는 멀티태스킹형

목표 지향형이나 멀티태스킹형의 예를 든다면 오랫동안 가정 내에서 남편들이 항상 아내로부터 구박받는 이야기를 그 예로 들 수 있을 것이다. 남자는 TV를 통해 야구나 축구를 보거나 또는 중요한 프로를 시청할 때 옆에서 아내가 하는 얘기를 전혀 알아듣지 못하는 경우가 많다. 그러나 아내들은 저녁밥을 지으면서도 드라마를 처음부터 끝까지 다 보거나 장시간 전화를 하기도 한다.

직장 내에서도 남자는 한 가지 일에만 몰두하는 경향이 잘 나타난다. 비상 상황이 발생했을 때, 남자는 대피 상황을 잘 대처하는 경향이 있지만, 여자의 경우 비상 상황에서도 혹 미진한 부분이 없는지 두루두루 잘 살펴서 피해를 줄이는 경향을 나타내기도 한다. 또한, 업무적으로도 남자는 일을 맡기면 한 가지씩 순서를 정해 처리하는 경우가 다반사이지만 여자의 경우 여러 가지 업무가 주어지더라도 거의 동시에 처리하는 경우가 많다는 것이다.

콜센터의 경우 대부분 여자 관리자들이 많다. 이는 여자가 남자보다 친절하다는 선입견도 있겠지만, 특히 콜센터의 관리자 중 콜센터의 상담 업무를 평가하는 상담품질관리자는 90% 이상 여자 직원이 맡고 있는데, 이는 여성들의 멀티태스킹 능력과 무관하지 않은 것으로 보인다. 상담 내용을 한 번이나 두 번 듣고서 상담 내용, 응대 태도, 호응어 등뿐만 아니라 발음, 속도, 표준어 사용, 필수 응대 내용 등 수십 가지 항목을 동시에 평가해야 하는데 대부분 남자 직원들은 그 평가 생산성에 있어서 여자 직원들을 못 따라간다.

두 번째는 위계질서의 차이이다. 사냥은 혼자하는 것이 아니라 통상 집단적으로 움직이게 됨으로 누구는 짐승을 모는 몰이꾼으로, 누구는 짐승을 찾는 역할로, 누구는 길목을 지켜 짐승을 잡는 포획꾼으로, 역할을 나누어 하게 되며, 여기에는 반드시 사냥을 총괄하는 리더가 있어야 한다. 또한, 서로 맡은 역할을 나누어 하지 않으면 사냥은 실패로 돌아가기 때문에 거기에는 반드시 위계질서가 필요하며 명령이 필요하다. 여자의 경우 사냥을 떠난 가장을 기다리는 아내들은 함께 밀림이나 초원에서 먹을 것을 구하게 된다. 이때 서로 주변을 함께 감시하며, 야생동물이나 타 부족의 침입을 서로 알려 주기도 하고 공동으로 대처해야 할 뿐만 아니라 과일이나 채소를 찾는 일은 혼자보다는 서로 힘을 합쳐 찾는 것이 수월하므로 필요한 과일이나 채소를 찾게 되면 함께 채집해서 나누어 먹으면서 함께 공동 생활을 해왔기 때문에 위계질서보다는 협력적인 관계가 되었다고 한다.

이러한 남녀 특성의 차이는 위계질서를 대하는 차이에도 나타난다. 남자는 고대의 수렵 생활은 물론이지만 현대에 있어서도 어려서부터 동네 골목대장을 따르거나 학창시절과 군 생활 등을 통해서 위계질서가 몸에 배여 있어, 직장 내에서도 위계질서는 다른 무엇보다도 거의 대부분 직급이 우선한다. 자기보다 어리더라도 직급이 높으면 존대를 하는 경우는 당연하고, 직급이 많이 차이 나는 경우, 나이가 상사보다 많더라도 나이 어린 상사가 오히려 하대하는 경우도 꽤 많이 볼 수 있다. 그러나 여자의 경우 직급으로만 서열이 정리되지는 않는다. 채집 생활을 통해 항상 협력적인 관계가 형성된 탓인지 직급보다는 나이가 서열이 되는 경우가 꽤 많다. 나이 어린 여성 관리자가 나이 많은 부하 여직원에게 하대하는 경우를 나는 거의 본 적이 없다. 오히려 나이 많은 부하 직원이 어린 관리자에게 하대하는 경우가 더 많다.

## 여성 조직의 특성을 이해하는 관리가 필요하다.

콜센터뿐 아니라 여성들이 구성원의 대부분을 차지하는 조직의 경우 직급과 나이 순서가 일치하지 않는 경우가 많다. 특히 경력 단절 여성들의 재취업이 많이 이루어지면서 여성 중심 조직의 경우는 같은 입사 동기라 하더라도 많은 나이 차이를 나타내며, 심지어 상급 관리자보다 나이가 많은 부하 직원들의 구성이 많은 편이다.

이 경우 그들의 호칭을 보면 나이 어린 관리자가 나이 많은 부하 직원을 '언니' 또는 나이 차에 따라 '이모'라 부르는 경우도 허다하다. 심지어는 1~2월생의 경우 학교를 먼저 입학했다는 이유로 동갑끼리도 언니라고 호칭하기도 한다. 이러한 조직 사회에서 무조건 직급상으로만 서열을 매겨 운영하는 것은 무척 힘든 일이다. 직급과 나이를 조화시키지 않으면 반발을 야기시키며, 아무도 따르지 않게 될 것이다. 그러나 대우할 것은 대우하고, 구별할 것은 구별해야 한다. 그것이 조직의 경영자가 해야 할 일이다.

여성을 부를 때는 나이가 많든 적든 반드시 이름을 불러주는 것이 좋다. 직급이 없는 사원이라도 이름을 그냥 부르는 것보다는 '~씨!' 하고 불러 주는 것이 좋다. 아무리 어리더라도 남성들처럼 '~야!' 하고 부르는 것은 절대 금기라 할 수 있다.

이러한 채집형 스타일의 여성들을 관리하는 관리자는 첫째, 일을 맡길 때에도 동시다발적으로 일을 맡길 수 있다는 것이다. 사람에 따라 다른 경우도 많겠지만, 오히려 여성 직원들은 복잡한 일을 맡는 것을 더 선호할 수도 있다.

두 번째는 여성 조직의 관리자로서 반드시 기억해야 하는 것은 모든 것은 규정대로 하여야 한다는 것이다. 위계질서가 약한 조직이라도 직급의 체계를 유지하여야 조직이 산다. 나이가 많다고 직급을 올려줄 수 없을뿐더러, 중요한 사안을 맡길 수 없는 것은 어느 조직에서나 같다. 그러나 그 반면에 그들을 지도하는 리더십은 전제군주형같은 과업 지향형보다는 위임형이나 민주형의 리더십 같은 관계 지향형이 훨씬 더 적합하다고 생각된다.

조직의 말단에 근무하는 모든 직원의 얘기에 귀를 귀울이며, 또한 중간 관리자들에게는 힘을 실어 주어야 조직이 통제되고 바로 운영되는 것이다.

# CHAPTER 2

# 여자의 처지에서
# 생각하라

- - - - - - - - - - - - - - - - - - - - - - - - - - - - - - - - - - - - - - - - - - - - -

제4차 산업혁명 시대 성공적인 여성 조직 50가지 노하우

# 04  > > > > >

# 정당한 일에는
# 손해를 감수하더라도
# 그들의 편에 서라

조직을 관리하다 보면 가끔은 어려운 일에 봉착하기도 한다. 조직이 클수록 그러한 일들은 더욱 많이 발생한다. "가지 많은 나무에 바람 잘 날 없다."라는 속담처럼 어디서나 거의 매일 다양한 사건들이 터져 나올 뿐만 아니라 동시다발적으로 터지기도 한다. 그러나 모든 사건을 처리하는 데에는 기준이 있어야 한다. 사건을 처리하는 데 있어 기준 없이 끌려다니면 아무런 힘도 얻지 못할 뿐더러 문제 해결의 실마리조차 찾지 못하게 된다.

특히 조직이 아웃소싱이나 도급 등의 업무를 하는 경우라면 더욱 그러하다. 문제 발생 시 리더의 행동이나 선택은 조직 전체의 흥망성쇠와 직접적인 관련이 있다. 리더가 분위기를 좇아 부당한 행동이나 선택을 한다면, 리더에 대한 신뢰를 무너뜨리고 조직을 분열시키는 지름길이 될 것이다.

## 당장은 손해가 되더라도 원칙대로 하라.
## 그것이 이익으로 돌아올 것이다.

콜센터 사업을 담당하고 있던 시절이었다. 내가 담당하던 콜센터는 A사의 업무를 위탁받아 운영하던 콜센터였다. 그 시절, 나는 센터 내 직원들에 대한 순환보직을 정기적으로 실시하였다. 한쪽 그룹에서 업무가 우수한 사람들을 선발하여, 일정 기간 근무 후 다른 그룹으로 이동시켜 새로운 보직을 감당하게 하였었다. 전 직원을 지속적으로 순환보직을 실시하여, 복잡하고 어려운 모든 업무를 총괄적으로 다 담당할 수 있는 능력을 갖춘 고능률 직원들을 다량으로 양성해 내는 것이 순환보직의 목표였다. 그러다 보면 앞의 그룹에서는 최우수 사원이었는 데도 불구하고 새로운 그룹에서는 업무에 적응하는 데 보직 이동 초기에는 많은 애를 먹기도 하거나 한동안은 신입사원과 같은 실수를 하기도 하였다.

J 상담사는 A그룹에서 B그룹으로 순환보직 발령을 받고 적응 훈련을 거쳐 업무에 투입된 지 며칠 안 된 어느 날, 고객으로부터 심한 민원을 받게 되었다. 많은 조직 관리자들이 경험하지만, 고객들은 자기가 마음에 들지 않거나 불친절했다고 느끼는 경우 민원을 제기한다. 대부분 민원의 요구 조건은 사건의 경중을 막론하고 첫째가 담당 직원에 대한 해고이고, 둘째가 그에 대한 보상이었다. 그 일로 원청사인 수요 기업에까지 민원이 크게 확대되어 원청사 담당 부서에서도 해고 요구를 하는 수준에 이르렀다.

그런데 실로 민원의 원인은 단순하였다. 원청사 홈페이지에 게재

된 내용을 "콜센터의 상담사가 몰랐다.", "설명하지 못했다.", "고객의 말을 이해하지 못했다." 등의 내용이었다. 그러한 이유로 고객이 심히 불쾌했다는 것이 고객의 해고 요구에 대한 사유였다. 사실 설명을 잘하지 못한 상담사에게도 책임이 있겠지만, 그 정도의 사안이 해고 사유는 될 수 없다고 판단되었다.

그런데 원청사의 보고 라인을 따라 이 문제가 상부에까지 보고되었으니 조용할 리는 만무하였다. 문제는 단순한데 고객이 악성 민원을 제기했다는 이유로 해고에 대한 압력이 심하게 들어 왔던 것이다. 일언지하에 나는 원청사 담당 부장의 해고 요구를 거절하였다. 나의 대답은 이런 것이다.

"당신 회사원청사 직원이 이러한 실수를 했을 때 해고하는 기준이 있다면 나도 그러하겠다. 그렇지 않다면 부당하다고 생각한다."

물론 그런 기준이 있을 리도 없지만, 노동법상으로도 그런 단순한 이유로 해고한다는 것은 말도 안 되는 일이었다. 혹 회사에 그러한 이유로 큰 해를 입혔다면 혹시 모를까? 오랜 기간을 잘 알고 지내던 원청사의 담당 부장과 나는 그 일로 엄청 심하게 다투게 되었다. 민원을 제기한 고객이 해고하라고 강하게 어필했으니 그의 입장에서는 그럴 만도 했겠지만, 그 당시 나로서도 절대 용납할 수 없는 내용이었다.

결국, 이 일이 회사 CEO에게 보고되어 일은 매우 커졌다. 그러나 나의 결론은 언제나 "NO!"였다. 결과적으로는 일에 많은 지장도 받았고, 원청사로부터 엄청난 욕도 먹었지만, 결코 해고하지 않았다. 그저 CEO로부터 그 문제가 아니라 서로 잘 협조하라는 지적만 받았을 뿐이다. 그 이후로 원청사 부장이 바뀌었어도 그러한 민원으로 해고를 요청하는 경우는 다시는 발생하지 않았다. 그 이후 그 여직원은 직장 생활을 아주 충실히 잘했을 뿐 아니라 회사 내 연간 우수사원으로 표창받기도 하고 오랫동안 근무하다가 나중에는 결혼 및 육아 문제로 회사를 떠나게 되었다.

만약 그 당시 내가 그 직원을 그러한 문제로 해고했더라면, 물론 노동법상 문제가 있음으로 노동청에 고발당하는 것은 차치하고라도, 그 후 비슷한 사안이 발생할 때마다 원청사나 고객들은 해고를 요구하였을 것이고 안 들어줄 수 없었을 것이다. 그렇다면 그 이후 우리 회사의 직원들은 누구의 말을 중요시 여기게 되었을까? 내가 내리는 결정보다 원청사의 결정을 더 무섭고 어렵게 생각하게 되지 않았을까? 그러고 나서도 그 조직을 내가 관리할 수 있는 명분이 있었을까? 그러한 조직의 리더는 있으나 마나 한 사람이 되어 더 이상 조직을 관리할 수 없게 될 것이다. 나는 조직을 관리하면서 직원 본인의 잘못이 그리 크지 않은데도 불구하고 원청사나 고객의 요구만으로 직원을 해고한 적이 단 한 번도 없다. 아무리 고객이 해고를 강력히 주장하거나 크게 문제가 되어도 "회사 규정대로 처리합니다. 회사 규정대로 징계해야 하면 징계할 것입니다." 그 이상의 답을 한 적이 없다. 경험상 고객이 요구하는 해고에 대한 원인을 살펴보면 단순한 업무 착오나 실수 등의 원인이 대부분이었다. 그 수준이라는 것이 대부분 과거 타 업무 부서에서 외국 회사하고 거래하던 시절 'clerical error', 즉 '사무 착오' 정도로 인정될 만한 수준인 것뿐이었다. 직원이 잘못했으면 사내 징계 규정을 따라 징계하면 된다. 그것이 해고에 준하는 수준이라면 해고하면 된다. 고객의 요구대로 해고한다면 그 조직의 리더는 이미 리더가 아니고, 그러한 조직은 존재할 이유가 없는 것이다.

## 직원을 보호하지 않는 리더는 결코 리더가 아니다.

직원이 어렵고 힘들 때 내가 손해 보는 한이 있더라도 리더는 직원 편에 서야 한다고 생각한다. 좋은 기업일수록 직원들은 절대적으로 리더를 신뢰한다고 하지 않던가. 리더가 손해를 보고 직원 편에 서면, 그 직원에게 리더는 존경과 충성의 대상이 될 뿐만 아니라 절대적 신뢰의 대상이 되고, 그 직원으로 하여금 리더나 조직에게 더 많은 기여를 하게 될 것이다. 고객의 불만이나 민원 때문에 또는 회사의 거래 관계 때문에 정당하게 일을 처리한 직원, 혹시 사소한 업무상 착오를 범했을지라도 그러한 직원에게 해고 등의 조치를 취한다면, 아니 해고하려는 모습을 조금이라도 보인다면 해고 대상이 되는 그 직원뿐 아니라 전 직원의 사기는 저하될 것은 자명하다. 그러한 조직의 리더는 다시는 그 조직을 이끌고 극한 경쟁의 소용돌이로 조직을 끌고 나갈 수 있는 힘을 잃게 될 것이다. 그 후부터 누가 그 리더를 신뢰하고 따르겠는가? 조그만 문제가 발생해도 부하에게 모든 책임을 지게 하고 죽음의 구렁텅이로 몰아넣으려는 리더는 이미 리더가 아닌 것이다.

# 05 > > > > > 사적인 비밀을 지켜 주어라

직원들을 면담하거나 여러 직원과 대화를 나누다 보면 직원들이 가지고 있는 여러 가지 비밀스러운 이야기들을 듣게 되는 경우가 종종 있다. 그러나 직원들이 나타내고 싶지 않은 비밀이라는 것이 사실 대부분 그들의 약점이고 콤플렉스이며 감추고 싶어 하는 이야기였다. 그중 여직원들이 감추고 싶어 하는 비밀은 대부분 가정에 대한 이야기가 많았다. 특히 결혼이나 이혼 관련 문제, 남편에 대한 문제, 숨기고 싶은 가정 문제 등이었다.

그러나 직원들과 면담을 한다고 이러한 이야기들을 처음부터 숨김없이 말하는 직원은 한 명도 없었던 것으로 기억한다. 여러 번 반복된 면담과 대화 기회를 거쳐서 직원과 리더 간에 인간관계가 형성되고 신뢰가 쌓이면서, 조금씩 조금씩 자기들의 비밀스럽고 힘들었던 이야기들을 털어놓게 된다. 사실 직원들이 비밀을 털어놓는 것은 리더가 듣고 싶은 얘기를 털어놓는 것도 아니고, 리더가 심문해서 털어놓는 것도 아니다. 직원들이 리더에게 자기의 비밀스러운 얘기들을 털어놓는 것은 먼저 리더를 신뢰한다는 것이고, 둘째는 자기들의 마음속에 고민을 들어 달라는 것이다. 어디에 하소연하고 싶으나, 하소연할 데가 없어 그저 하소연하는 것뿐이다. 하지만 그들의 얘기를 듣고 나면 그들을 좀 더 이해하게 되고, 그들도 리더에게는 이미 신뢰를 쌓은 상태가 됨으로 더욱 충성심을 보이게 되는 것이다.

## 사적인 비밀을 리더에게 털어놓는 이유는
## 그저 들어 달라는 것뿐이다.

가끔 경영자나 관리자 중에서는 술자리 같은 사석에 앉으면, "A는 말야……" 하고 이야기하는 사람들이 있다. 자기가 A에 대한 비밀을 알고 있는 것이 자랑이라도 된다는 듯이……. 그런데 그 비밀이라는 것이 업무에 도움 되는 것도 아니고, 오히려 다른 사람이 알게 되는 경우 A를 별로 좋게 볼 수 없게 되는 것이 대부분이었다. 그러나 사적인 비밀을 안다고 하여도 그것을 먼저 제3자에게 입 밖에 내는 것은 절대 금지 사항이다. 더욱이 여직원들이 사적인 비밀을 털어놓는 것은 자기의 사정을 이해해 달라는 것이지 공개하라는 것은 절대 아니기 때문이다.

사실 면담을 반복하게 되면 직원들과 아주 좋은 친밀감이 생기기도 한다. 서로의 힘들고 어려운 점이나 비밀을 알게 되기 때문에 서로를 좀 더 잘 안다고 생각되고 좀 더 많이 이해되는 것이다. 그러나 어떠한 경우에도 내가 '얘기해'라고 요구하거나 강요에 의해 직원들의 비밀스러운 얘기를 들은 적은 한 번도 없다. 먼저 서로의 과거 생활, 자라온 이야기, 서로의 생각들을 나누다 보면 서로 친밀감이 생기고, 점차 숨겨져 있던 힘든 이야기들을 하나둘씩 꺼내게 된다.

A는 아이가 장애를 가지고 있었는데, 이것을 말하는 것을 매우 싫어했다. 아이의 장애 때문에 특수학교에 다니게 되고, 다른 아이와 달리, 반드시 수업 후 데리러 가야 하는 상황이었다. 가끔 업무가 밀려 야근이라도 하게 되면 발을 동동 구르곤 하였다. 그럴 때마다 팀장을 불러, 야근에서 빼주도록 배려하게 하였다. 대개는 그러한 경우 나 외에 팀장 정도만 아는 정도의 비밀들이었다.

20대 초반에 일찍이 결혼한 B는 결혼 전에 임신 상태였다. 임신으로 인해 초기 많이 힘들어했는데 결혼 전이다 보니 드러내 놓고 말하지 못하는 처지였다. 나는 중간 관리자들에게 근무 연장 등에서 배려해 주도록 지시하였다. 이러한 일들이 좀 있다 보니, 중간 관리자들도 이미 나의 스타일을 잘 이해해 주었고, 이유를 이야기하지 않아도 이의를 달지 않았다. 난 그저 "힘든가 봐, 배려해 줘." 정도의 지시만 했어도, 그저 "아, 좀 배려해야 할 일이 있구나." 정도로 맞장구쳐 주었다.

나하고 직원들하고 나이 차이도 꽤 있었지만, 직원들에게서 들은 이야기를 남들 몰래 잘 지켜 주어서인지, 정기 면담이 아니라도 직원들로부터 면담 요청을 받는 경우가 무척 많았다. 면담 내용은 직장에서의 문제보다도 대개는 가정 문제, 부부 문제가 대부분이었다. 남편의 바람 피우는 이야기부터 의처증, 이혼 이야기 등등 아주 많은 이야기를 들었다. 그러한 이야기들을 할 때마다 그냥 들어 주기만 하였고, 그들이 힘들고 어려워 보일 때마다 그냥 마음으로 격려해 주었을 뿐이다.

## 직원의 비밀을 지켜 주지 못하는 리더는
## 곧 귀머거리가 될 것이다.

직원들의 얘기를 듣고 비밀을 지켜 주는 것은 매우 중요하다. 앞에서 얘기한 것처럼 직원들이 얘기하는 자기에 대한 비밀은 그들에겐 매우 중요한 것이고 콤플렉스인 것이다. 그들이 비밀을 얘기하는 것은 해결해 달라는 것도 아니고, 더구나 남들에게 전해 달라는 것은 더욱 아니다. 그저 답답한 마음을 이해해 주고 들어만 달라는 것이다. 그냥 하소연하는 것이다. 그것이 설사 나에게 불이익이 되는 이야기라도 비밀을 지켜 주는 것이 좋다. 조금이라도 본인의 비밀이 공개된 것이 드러나는 경우에는 그 직원이 강하게 항의하거나, 리더와는 적이 되거나 결국에는 조직을 이탈하게 되는 문제가 발생할 뿐 아니라, 그 리더는 다른 사람들로부터 조직 내 어떠한 문제도 다시는 영원히 들을 수 없는 귀머거리가 될 수밖에 없음을 명심해야 한다. 즉 리더는 비밀을 지켜 주지 못하는 그 시점부터 조직 내 귀머거리가 되는 것이다.

# 06 > > > > > 정기적으로 면담하라

어느 조직이나 조직을 관리하는 데에는 정기적인 면담만큼 좋은 방법도 없다. 정기적인 면담은 직원들의 동태를 파악할 뿐만 아니라 어려움이나 건강 상태, 직원들이 가지고 있는 향후의 비전, 진급에 대한 생각이나 이직 등을 파악하는 하나의 중요한 방법이다. 몇해 전 많은 문제로 해체 위기에 직면했던 어느 글로벌 기업의 필리핀 현지법인 대표로 발령난 한국의 한 CEO가 회사의 정책에 반기를 든 300여 명이 넘는 직원들 전체를, 한 명씩 개인 면담을 통해 조직을 재구성하고 성과를 낸 후 본사의 고위급 임원으로 승진했다는 강의를 들은 적이 있다. 그러나 우리나라 남성 조직의 경우 회사에서는 면담을 잘 하지 않는다. 다만 군대에서는 소대장이나 중대장이 병사들을 반드시 정기적으로 면담하게 한다. 면담이 기본 임무 중 하나가 되는 것이다. 20대 초반의 소대장 시절 비슷한 또래이거나 경우에 따라서는 나보다 나이가 많은 선임 사병들을 불러다 앉혀 놓고 면담하는 일은 참 어려웠다. 그러나 정기적인 면담을 통해 그들의 고민을 알게 되었고, 그들과 함께 아무런 사고 없이 군 생활을 잘 마치게 된 것은 분명한 사실이다.

## 면담은 그저 들어주고 그들을 이해해 주는 것이다.

콜센터 사업 본부장 시절, 거의 매년 1년에 한 번씩은 전 직원을 면담하였다. 300~400명 이상을 면담하려면 하루에 10명씩 면담한다 해도 이러저러한 행사를 치르고 나면 전체 면담은 몇 달씩 걸렸다. 그러니 시간이 날 때마다 하루에 몇 명씩 면담하는 일이 주요 업무 중 하나였다. 그러나 생각해 보면 그들과의 면담 내용은 대부분 회사에 대한 문제보다는 사실 가정 문제이거나 개인적인 문제였다. 원래 여성 직원들이 가지고 있는 고민의 70% 이상은 가정 문제이거나 개인 문제라는 것은 심리 상담을 담당하는 전문적인 심리 상담사들에게서는 거의 공통된 의견으로 알고 있다.

사람은 누구에게나 회사도 소중하지만 가정은 더욱 소중하다. 가정 내에 문제가 있으면 그 고민을 안고 회사를 나올 뿐 아니라 일을 하면서도 표현하지는 않더라도 그 고민을 쉽게 떨쳐내기 어렵다. 그러나 그러한 문제들을 어디엔가는 발설해야 하는데 발설할 방법이 없다. 술을 마시거나 운동을 하더라도 머릿속에서는 그 문제들이 뱅뱅 돌기만 하는 것이다.

여성들이 원하는 것은 면담을 통해 중요한 것을 얻거나 문제를 해결하고자 함은 아니다. 그저 그들의 고민을 들어 주기만 한다면 그들이 안고 있는 문제의 대부분은 해결된다. 해결 방법도 대부분 그들이 가지고 있다. 가족에게나 혹은 동료들에게 말할 수 없는 고민들이거나, 다른 데는 얘기할 수 없는 고민들을 들어 주는 것만으로도 많은 문제가 해결된다. 여성 조직 남성 관리자가 개인적 면담을 아예 듣지 않으려 하는 경우도 있겠지만, 개인의 사생활을 얘기한다고 해도 그냥 들어 주어라. 개인의 사생활을 이야기한다는 것은 리더에 대한 신뢰가 있기 때문이라고 생각한다. 특히 직장 상사가 잘 들어 주는 경우 면담의 결과는 더욱 성공적일 수 있다. 필자는 콜센터에 근무하면서 많은 면담을 수행해 왔는데, 오랜 기간 정기적으로 또는 비정기적으로 면담을 반복적으로 수행하다 보니 가정 문제나 심지어 부부간의 문제들도 면담을 통해 많은 내용을 알게 되었고 그들을 좀 더 이해하게 되었으며, 함께 해결 방안을 찾는 상담을 진지하게 진행하기도 하였다.

어느 날인가 직원 C는 내게 면담을 요청했다. 30대 중반의 여성이었는데, 문제는 남편이 자꾸 자기를 의심한다는 것이다. 결혼 후 10여 년 동안 주부로만 살다가 취업을 했는데, 취업을 하고 보니 옷차림도 다른 직장 여성들처럼 세련되어 갈 뿐만 아니라 직장 내에서 친구들이 생기고 나니 퇴근 후 쇼핑도 함께 하고, 노래방도 가게되니, 남편의 입장에서는 '바람났나?' 하는 이상한 느낌을 가지게된 모양이었다. 결국, 그 남편하고도 통화를 하게 되고 오해를 풀려고 노력했었다. 물론 그들 사이의 모든 문제가 해결되지는 않았겠지만, 면담을 통해 C가 오랫동안 직장을 다닐 수 있는 힘이 되었던 것만은 사실일 것이다.

정기적인 면담뿐만 아니라 어떤 사안이 발생할 경우에는 수시 면담을 해야 한다. 면담을 자주하게 되면 경우에 따라서는 직원들이 먼저 면담을 신청하기도 한다. 또한, 면담을 통해 개인적인 문제만 파악되는 것은 아니다. 직장 내 여러 가지 문제, 직원 상호 간의 문제, 관리자에 대한 직원들의 생각, 직원들에 대한 사기나 비전뿐만 아니라 이직 의도, 이직하려는 직원들의 이직 사유 등 이러한 모든 것들을 사전에 파악할 수 있을 것이다.

## 관리자가 기억해야 할 것은 반드시 정기적 면담을 해야 한다는 것이다.

면담을 전혀 하지 않다가 갑자기 면담을 하게 되면 아무런 이야기도 들을 수 없다. 어느 날 갑자기 "얘기 해봐." 한다고 자기의 속마음, 걱정거리, 고민을 이야기하겠는가. 면담은 상하 간 신뢰에서 시작된다. 면담을 반복적으로 그리고 정기적으로 자주하게 되면 인간적인 유대관계도 생길뿐더러 상대방에 대한 모든 것이 머릿속에 남는다. 면담을 자주하여 인간적인 유대관계가 형성되고 신뢰가 쌓이면 면담을 할 때마다 점점 더 깊이 있는 정보를 얻을 수 있게 된다. 사실 필자는 500명 가까운 직원을 관리할 때도 면담을 통해 거의 전 직원의 이름과 나이 등을 기억하게 되었다. 내가 사원들의 이름을 부를 때마다 그들은 놀라워했지만, 모든 것은 면담의 힘이었다. 면담을 통하지 않았다면 그 많은 직원의 이름을 외우는 것 자체가 불가능했을 것이다. 또한, 정기 면담이든 수시 면담이든 면담에 대한 내용 모두는 면담 중이든 면담이 끝난 후든 기록되어야 한다. 그리고 모든 것을 기억하려고 애써 노력해야 한다. 단 모든 것은 1:1로, 그리고 비밀로 유지해야만 한다. 면담 중 나온 이야기가 소문이 되거나 회자된다면 그 이후 모든 면담은 실패할 것이다. 누구와 면담하던, 면담이 어떤 내용이던 철저히 비밀을 유지해 주어야 한다. 천주교 신부가 받는 고해성사처럼……

다시 한번 정리한다면 여성 조직의 관리자가 기억해야 할 것은 반드시 정기적 면담을 실시해야 한다는 것이다. 해결하지 못하고 들어주는 것만으로도 업무 외적이든 업무 내적이든 그들이 가지고 있어 업무에 방해를 주는 고민이나 스트레스를 줄여서 업무 효율을 높일 수 있다. 두 번째는 반드시 모든 것을 기록하고 비밀에 부쳐야만 한다. 그러나 잊어서는 안된다. 어떻게 다 기억하느냐고? 면담 전 지난번 면담 기록을 다시 한번 더 들추어 보기만 하면 피면담자로서는 항상 기억하는 관리자가 된다. 그 기억이 유지되어야 면담도 진행된다. 면담 때마다 아무것도 기억 못 하고 똑같은 질문만을 반복하게 된다면 면담자나 피면담자나 면담 자체가 중노동이 될 것이다.

경영자나 관리자, 즉 여성 조직의 상사가 면담을 통해서라도 고민을 들어주거나 스트레스를 푸는 창구가 되어 준다면 그들로부터 진정한 사랑과 존경을 받게 될 것으로 확신한다. 또한, 직원들을 더욱 잘 이해하게 될 것이며 절대적으로 충성스러운 부하 직원들을 틀림없이 얻게 될 것이다.

# 07 > > > > > 당신에게 친절하다고
# 이성적으로 마음 있는 것은
# 절대 아니다

남자들은 처음 만나는 상대방이 누구든 처음부터 친근하게 다가 가기란 참 어려운 것 같다. 고대의 수렵 생활뿐 아니라 수천 년, 수 만 년 이어진 전쟁의 역사 속에 이어져 온 생사의 갈림길에서 남 자들은 여러 가지 경험을 쌓아온 탓에 처음 만나는 상대방은 반 드시 적인지 아군인지 먼저 구분하고, 아군일 경우 인사를 나누고 서열을 정한다. 그 후에 상대방에게 해야 할 행동을 결정한다. 혹 시 내가 모르는 적이라면 나를 공격할 것을 대비하여 방어 태세를 취하고 싸울 준비를 해야 하기 때문에 처음 만나는 상대방에게 웃 음을 주거나 마음을 처음부터 여는 일은 애당초 쉽지 않았을 지도 모른다. 악수라는 습관이 상대방에게 싸울 뜻이 없음을 보여 주어 야 하는 행동에서 생겨났다는 것은, 아직도 남자들의 인간관계는 싸울 것인가 말것인가로부터 결정된다고 할 수 있는 것 같다.

그러나 여성들은 남자들보다 처음 보는 사람들에 대해서도 훨씬 더 친화력이 강하다. 채집 스타일의 여성들은 고대 이전부터 가정을 중심으로 생활하면서 서로 협력하고 정을 나누는 경험을 계속해 왔다. 자기의 주변에 있는 사람들은 가족이거나 동족이었기 때문에 구태여 적개심을 가질 필요가 없었다. 그래서 남자보다도 초면인 상대방에게 쉽게 웃어주거나 말을 거는 것인지도 모른다.

## 리더에게 베푸는 지나친 친밀감은
## 리더가 이성으로서의 상대가 결코 아님을 의미한다.

이러한 이유인지 몰라도 현대에 있어서 고객을 대하는 대부분의 직원은 남성 직원보다 여성 직원이 훨씬 많다. 남자만 근무하는 매장보다 여직원이 근무하는 매장이 분위기도 훨씬 더 부드러울 뿐만 아니라, 더욱 친절한 느낌을 주기 때문일 것이다. 실제로 고객 만족을 측정하는 많은 서비스업의 경우 거의 대부분 최전선의 고객 접점에 근무하는 것은 여성들인 것을 누구나 경험을 통해 쉽게 알 수 있을 것이다. 백화점에 가더라도 대부분 매장의 직원은 거의 여성들인 점을 쉽게 발견할 수 있다. 심지어 여객기의 경우에도 조종간을 잡는 조종사는 대부분 남자가 많겠지만, 승객을 제일 먼저 대하는 것은 여성들 위주인 스튜어디스들이다. 드레스셔츠나 속옷 등 남성용품만을 파는 남성 전문 매장에서조차 여성 직원들이 더 많이 근무하는 것도 여성들의 우수한 친화력과 결코 무관하지 않을 것이다.

여성들의 지나친 친화력 때문에 혹여 회사의 CEO나 기관의 장이 여성들이 주로 근무하는 객장이나 근무지를 방문해서 찍은 단체 사진들을 보면, 처음보는 여직원들이 자연스럽게 CEO나 기관의 장과 팔짱을 끼고 사진을 찍은 모습을 쉽게 발견할 수 있다. 그 사진 속의 여성은 무슨 마음을 가지고 CEO나 기관장 또는 부서장의 팔짱을 끼고 사진을 찍었을까? 그런데 자세히 살펴보면 이러한 행동은 그 여직원이 미혼이거나 기혼이거나 별로 차이가 없다. 또한, 어리거나 나이가 들었거나에도 크게 차이가 없다. 그 이야기는 그 대상에 대한 관심이나 애정의 수준과 관계없이 그런 행동을 자기도 모르게 한다는 것이다. 다르게 표현한다면 내 아내가 직장에서 상사의 팔짱을 끼고 단체 사진을 찍은 것이 결코 불륜의 증거가 될 수 없다는 것이다.

확실히 여성들은 남성들보다 친화력이 강하다. 특히 직장의 상사에게는 행사 시에도 쉽게 팔짱을 끼거나, 웃어주거나 상냥하게 대한다. 남성 조직에서만 근무한 경험을 가진 경영자나 관리자들은 순간적으로 만나는 이러한 사태를 자주 오해하기도 한다. 특히 회식과 같은 술자리에서 이러한 행동을 처음 접하는 남성 관리자는 엄청 당황하게 된다. 그리고 머릿속으로는 별의별 상상을 다 하게 된다.

내가 처음 여성 중심 조직을 맡았을 때 이러한 여성들의 행동으로 말미암아 무척이나 당황했었다. 나이가 이리건 낮건 간에 그저 아무런 거리낌 없이 팔짱을 끼고 몸을 밀착해 오는 태도에는 무척이나 당황스러울 수밖에 없었다. 초등학교 3학년 이후 여학생과는 짝을 한 적도 없고, 같은 학교 내에서 여학생 보는 것조차 어렵던 학창 시절을 보내고 직장에 처음 입사해서 겪은 여직원들의 행동은 정말 나를 긴장하게 했다. 그렇다고 연애 경험이 전혀 없는 것도 아니었는데도 말이다. 내 아내가 또는 학창 시절 여자 친구가 나에게 평소 하던 행동을 스스럼없이 하는 저들의 머릿속에는 도대체 무슨 생각이 들어 있을까? 나한테 관심있는가? 그런데 가만히 보면 그러한 행동은 나한테만 하는 것이 아니라 모든 남성에게 거의 똑같이 하였다. 그리고 대상 남성이 서열이나 직급이 높을수록 더 친밀하게 하였다. 가만 생각해 보면 여직원들의 친밀감의 표시는 언제나 그 현장에서 가장 직급이 높거나 나이가 많은 사람에게 거의 집중되는 것을 알 수 있었다. 그러니까 회사의 사장이 있는 경우 그 옆의 부장이나 남직원에게는 그러한 공세가 별로 없는 것이다.

남자의 관점에서 보면 직급이 높을수록 더 쉽게 팔짱을 끼고 몸을 밀착시키며 다정하게 구는 것으로 보이겠지만, 거꾸로 본다면 여성들의 입장에서는 직급이 높을수록 그리고 나이가 많을수록 이성적인 관계가 아니므로 상대하기 편하다는 얘기일 수도 있다. 결국, 나이가 많거나 직급이 높을수록 이성적인 상대로 보지 않는다는 얘기이다. 이성적 상대가 아니니까 맘 편히 팔짱도 끼고 몸을 밀착시키기도 하는 한편 다정다감하게 대하는 것이 아무런 거리낌이 없다는 것이다. 객장에서 고객을 담당하는 여직원이 나에게 유난히 친절한 것이 나에 대한 관심이 아니라 고객에게 그저 친절할 뿐이라는 것도 똑같은 얘기이다. 여직원들은 객장에서 나이 많은 남성 고객들의 팔을 쉽게 잡고 안내하거나 부축하기도 한다. 그들이 보는 그 남성 고객은 그들의 입장에서는 이성이 아니라 고객일 뿐이라는 것이다. 실제로 오랜 직장 생활을 하면서 그러한 사태를 오인하고 행동했다가 나중 큰 어려움을 겪는 남성 관리자들을 여러 번 봐 왔다. 그것은 여직원의 마음을 이해하지 못하는 남자 관리자가 쉽게 실수할 수 있는 부분이기도 하다.

## 여성 직원의 친밀한 태도, 절대 오해하지 마라.

여성 직원들과 근무한 경험이 많지 않은 경영자나 관리자는 이런 경우 사태를 오해하거나 심각하게 받아들이기도 한다. 그저 속으로 오해하거나 사태를 심각하게 생각하는 거야 표시 안 나면 그만이지만, 특히 술이 오가는 회식 자리에서는 쉽게 실수로 연결되기도 하기 때문에 매우 조심하지 않으면 안 된다.

나와 함께 근무한 어떤 여직원도 직급이 높거나 나이 많은 상사를 이성적으로 생각하고, 팔짱을 끼고 사진을 찍거나 다정다감하게 대하는 경우는 한 번도 본 적이 없다. 그저 '나는 당신을 내 상사로 인정할 뿐 아니라 나에게도 업무적으로 그리고 인간적으로 관심을 가져 주었으면 좋겠다'라는 희망 사항 정도를 표시하였을 뿐이라는 것이 내 경험상 느끼는 생각이다. 여성들이 많은 직장에서 업무 중이든 회식 자리이든 간에 상사가 느끼는 스킨십이나 친절, 다정다감함은 그저 나를 알아달라는 것에 지나지 않는다. 어느 리더도 이미 임자가 있는 당신에게 이성적인 관심이 아니라는 것을 잊어서는 안 된다. 설사 당신이 미혼이라 하더라도 관심이 있다면 그런 식으로 표현하지 않을 것이다.

절대 착각하지 마라. 여성 직원의 나에 대한 애정 표현처럼 느껴지는 행동들은 내 느낌일 뿐 애정 표현이 아니라 그저 나를 상사로 인정해 준다는 의미일 뿐이다. 나에게 이성적인 관심이 있다는 것은 절대 아닌 것을 명심하지 않으면 여성 중심 조직에서는 결코 온전히 살아남지 못한다.

# 08 > > > > > 회식 문화도 여성의 시각에서 생각하고, 바꾸어라

　직장 생활에서 회식은 빠져서는 안 되는 조직 문화의 하나이다. 회사에서 일반적으로 시행하는 회식은 팀워크나 직원 간 상호 유대감을 형성하거나 동료애를 향상시킬 뿐만 아니라, 업무로 인하여 쌓였던 스트레스를 해소할 목적으로 시행하는 행위일 것이다. 그러나 회식 자체가 회식에 참여하거나 참여해야 하는 직장인들에게는 원래의 목적과는 무관하게 더 큰 스트레스를 주기도 한다. 사실 남성들의 경우도 이제는 점차 바뀌어 가고 있긴 하지만, 어려서부터 초등학교에 입학하기 이전부터 같은 또래에서도 동네 골목대장이 나타나고, 골목대장을 따르는 것으로 집단주의 문화를 습득하기 시작하여, 학교에서의 공동체 생활과 특히 군대 조직이라는 특수한 사회를 경험한 때문인지 남자들은 계급을 우선시하며, 회식 문화도 집단주의 형태를 띠고 반강제적으로 참여토록 종용받아 왔다. 필자의 경우에도 특히 사원에서 과장까지의 시절에는 회식 일자 및 장소, 음식의 종류를 결정하는 데에 아무런 의사를 표현할 기회도 없이 상사에 의해 일방적으로 정해져서 따라가야만 하는 직장 생활을 경험했을 뿐 아니라, 심지어는 당일 갑자기 상사로부터 "오늘 회식이다."라고 통보받고 부랴부랴 다른 사람과의 저녁 약속을 취소해야만 하는 경험을 수없이 많이 해왔다. 그 당시 회식은 상사의 하사품이었다. 최근 개인주의 성향이 두드러지고 있어 사회 전반적으로도 회식에 대한 실행이나 대응이 변화해 가고 있긴 하지만, 감성적인 여성들의 조직인 경우 훨씬 이전부터 회식에 대한 변화가 필요했던 것 같다.

## 회식 문화에도 변화가 필요하다.

어느 해인가 K 사장이 우리 회사에 부임해 왔다. 그 당시 내가 근무하던 회사는 1천 명 가까운 인원 중 여직원의 비율이 90% 이상이 되는 회사였다. K 사장은 무척 자주 업무 현장을 들렀는데, 들르는 날이면 어김없이 중간 관리자들을 모아 놓고 술자리를 곁들인 저녁을 같이하고자 했다. 중간 관리자의 대부분이 여성이었으며, 어린 자녀를 두고 있거나 자녀가 학교를 다니는 학부형이었다. 자녀가 없거나 미혼이라 하더라도 가정으로 돌아가야 하는 시간을 넘어 매우 늦은 시간까지 공식적이든 비공식적이든 회식 형태의 술자리는 그들에겐 매우 부담되었던 듯하다. 회식에 참여한 관리자들은 자기 의사를 거의 표현하지 않고 그 술자리가 파하기까지 발을 동동 구르곤 했다.

K 사장은 그러한 사정들을 아는지 모르는지 오직 직원들을 관리

하는 방법은 술밖에 없다고 생각하는 듯이 밤늦은 시간까지 대부분의 여성인 관리자들과 술잔을 주거니 받거니 하였다. 그러니 K사장이 센터를 방문하는 날이면 관리자들은 안절부절못하고 도망칠 궁리를 하였지만 속수무책이었다. 다행히 K 사장은 얼마 안 있어 다른 곳으로 떠나게 되어 더 이상 그러한 일이 지속되지는 아니하였다.

여러 해 전 새로운 기업의 콜센터 사업본부장으로 처음 이직하였을 때, 사실 나는 콜센터가 무엇을 하는 부서인지 어떻게 관리해야 하는지도 잘 몰랐다. 그렇기 때문에 나는 발령 초기부터 지속적으로 콜센터를 운영하는 타 회사에 가능한 많은 벤치마킹을 시도하고자 하였다. 콜센터의 품질이나 평가 기법 등 뿐만 아니라, 운영과 관련해서는 무엇이든지 질문 대상이 되었다.

어느 날 G콜센터를 방문했을 때의 일이었다. 그곳의 상담팀장들과 대화하던 중 뜬금없이 물어보았다. "여기서는 회식 때 주로 뭘 먹지요?" 이런 질문하는 사람은 아마 거의 없었을 것 같다. 당연히 대답은 "삼겹살에 소주"였지만, "왜 그걸 먹지요?"라는 추가 질문에 돌아온 답변은 그 당시 나에겐 충격적이었다. "우리 센터장님이 좋아하셔서요." 어느 회사나 조직에서도 그들이 시행하는 대부분 회식은 예나 지금이나 다름없이 삼겹살에 소주, 참 당연한 것이었을 텐데, 왜 그때 그것이 충격으로 나가왔는지는 잘 모르겠다. 대답은 오히려 '당연하지 않나요?'였으면 그냥 웃고 넘어갔을 텐데, 센터장이 좋아서 할 수 없이 먹는다는 느낌이 그 후로 10여 년이 훨씬 지난 지금도 머릿속에서 떠나가질 않는다. 나는 회사에 돌아와 조용히 반복 확인하기 시작했다. 역시 우리 직원들의 생각도 거의 같은 느낌이었다.

그 후 회식에 대한 생각을 바꾸고 새로운 시도를 하기 시작했다. 사업부에서 가지고 있는 회식 예산 중 팀 회식에 관련된 예산을 팀장에게 직접 배정하였다. 팀별 회식 예산과 집행에 대한 모든 결정을 팀 내에서 자율적으로 하도록 권한 또한 부여하였다. 서서히 회사 내 술 중심의 회식 문화가 사라지기 시작하였다. 영화나 문화 관람뿐 아니라 주말 여행, 야외 소풍, 맛집 순례 등 다양한 이벤트들이 끝없이 나타나기 시작했다.

사업본부장인 나를 중심으로 회식을 하는 경우 나는 거의 빠질 수도 없을 뿐더러 회식비 카드 결제 및 2차 노래방까지 책임져야 했는데, 이제는 내가 그저 게스트가 되어 잠시 들러 인사하는 정도만 하거나 경우에 따라서는 그저 내버려 두어도 팀별 회식은 활기차게 잘 돌아갔다. 오히려 예산 관리도 잘되고, 여성 관리자의 경우 예산을 분배하고 나면 스스로 철저하게 관리하였고 단 한 건의 금전적 사고도 없었다. 당연히 회식에 참여하는 직원 비율도 높아지고 - 사실 직원들이 회식을 빠지는 일이 거의 없어졌다. 사전 팀 내 의견을 교환하고 날짜와 장소, 메뉴나 이벤트 등을 합의하여 정하고 시행함으로 회식에 빠지는 것은 급작스런 일이 생기지 않는 한 거의 발생하지 않았다. 오히려 직원들 뿐 아니라 나도 회식에 대한 부담이 없어졌다.

결국, 내가 참여하는 회식이 대폭 줄어들었고, 내가 왕따가 된 것이 아니라 매월 30여 개 팀의 회식 때마다 참석해야 했던 번거로움이 사라졌다. 나도 여유 있는 저녁 시간을 갖게 되었음은 물론이다.

## 회식은 상사의 하사품이 절대 아니다.

술을 마셔야 스트레스가 풀리고, 동료애가 생기고 유대감이 생겨 애사심이 생긴다는 것은 전근대적 사고방식이라고 생각한다. 회식도 직원들의 동기부여를 위한 이벤트라면 그들에게 자율적으로 맡겨두는 것은 어떨까? 관리자들, 특히 직급이 높이 올라갈수록 직원들과 세대 차이가 난다고 통상 이야기한다. 관리자들은 내가 가야 회식의 분위기가 살고 동기부여가 된다고 생각할 수도 있겠지만, 사실은 그 반대일 수도 있다. 세대 차이 나는 관리자가 술이나 돌리는 회식, 반강제로 끌려가야 하는 회식이 이제는 멈춰야 할 때라고 생각된다. 가끔은 관리자 없는 자리에서 상사 욕하고 안주 삼는 재미를 그들에게 주면 얼마나 더 스트레스가 해소될까 생각만 해도 즐겁다. 하물며 감성이 풍부한 여성 조직에 있어서는 더 말할 나위 없을 것이다. 그저 맡겨두는 것만으로도 족하다.

30~40년 전 국가나 가정이 모두 어려웠던 시절, 가정을 일으키기 위해 학업도 포기하고 직장에 뛰어들었던 세대가 아니라 이젠 풍족하게 어려움 없이 자란 세대들이 일터의 주축이 되었다. 집안의 오빠나 남동생 때문에 대학 진학을 포기하고 직장에 뛰어들었던 세대들이 아니라 자아를 키우며 나름대로 자신만의 전문적 지식과 능력

을 키워온 세대이다. 그들에게 회식이란 그동안 못 먹었던 고기를 먹고 술을 먹으며 악이라도 쓰면서 상사들에게 보여 주기 위해 시간을 소모하는 기회가 아니라 편하게 마음을 열고 스트레스를 해소하며, 동료 간 못다 한 얘기를 나누고, 서로 여러 가지 가치를 공유하며 새로운 발전을 도모하기 위해 잠시 편안한 휴식을 취하는 기회일 수도 있다. 그들에게 그저 맡겨 두어라, 백지장도 맞들면 낫다고 하지 않던가. 회식은 상사의 하사품이 절대 아니다.

# 09 > > > > > 작은 일을 기억하라

직원들을 관리하는 데 있어 중요한 것 중 하나는 그들의 일상사가 회사의 업무에 반드시 영향을 미칠 수도 있다는 점을 잊어서는 안 된다. 더욱이 직장생활과 가정생활을 동시에 책임져야 하는 여성들의 경우 개인적인 일이 회사의 일에 알게 모르게 영향을 미치는 것은 당연하다 하겠다.

그러나 직원들의 일상사를 일일이 다 기억하는 것은 실로 참 어렵다. 사실 일반적으로 내 집안일을 다 기억하고 미리 준비하는 것도 참 쉽지 않다. 더구나 부모님 생신이나 아내의 생일까지도 남자들은 늘 잊어버린다. 그러나 사실은 늘 아내가 챙겨주니까 구태여 기억할 필요가 없었을지도 모른다.

나도 젊은 시절에는 아무것도 기억하지 못하고 그냥 지나 보내는 일이 참 많았던 듯하다. 바쁘다는 핑계였겠지만, 결혼기념일부터 아내의 생일, 양가 부모님 생신 뭐 기타 등등을 다 기억해야 하는데 매년 기억하지 못해서 핀잔도 참 많이 들었던 듯하다. 그래도 요즈음은 스마트폰 덕분에 특별한 노력 없이도 기억력 면에서는 점수를 많이 따기는 하는 것 같다.

## 작은 일을 기억해 주는 것이 배려의 시작이다.

집안에서의 대소사를 기억해 내는 것도 쉽지 않은데 직장에서 직원들의 대소사를 기억해 내는 것은 더욱 어렵다. 인원이 많다 보면 일일이 기억하기는 더 어렵다. 특히 여직원들의 경우 필요한 대소사는 무엇이고, 어디까지 기억해 주어야 하는 걸까? 그리고 기억한다는 것은 어떠한 조치를 취하는 것을 말하는 것인가? 대소사는 많지만, 주로 기억해야 하는 것은 생일과 아이들의 학교 입학식, 본인과 아이들의 졸업식 등 기념일이나 가족 내 경사나 애사 또는 가족 중 환자 발생 시 등 그 일들에 대한 기억을 하고 그들의 입장에서 배려하는 것이다.

오래전 K 임원은 시간이 날 때면 소속 여직원들에 대한 프로필이나 대소사 등을 혼자서 확인하거나 내용을 외우곤 하였다. 여직원들의 생일이면 비서진을 통해 카드와 함께 작은 케이크나 영화표 등을 보내곤 했다. 물론 카드 작성은 비서를 통해 작성하였지만, 그런 것을 알았든 몰랐든, 아무도 개의치 않았을뿐더러 카드를 받는 여직원들은 무척이나 감격하고 고마워하였다. 또한, 가끔 지점이나 여러 지역의 현장을 방문하는 경우에도, 고객 카운터에 앉아 있는 여직원 앞에 앉아 이제 막 학교에 입학한 자녀들에 대하여 또는 병원에 입원한 가족에 대하여 안부를 물으니 여직원들이 놀라워할 뿐만 아니라 더욱 존경하고 잘 따랐던 것으로 기억한다. 물론 그 임원에 대한 직원들의 인기나 충성도는 누구보다 더욱 강렬했을 것이다.

나도 K 임원을 수년간 모시며 배운 것이 여직원들에 대한 관리였던 듯하다. 지점이나 콜센터에서 많은 여직원을 관리해야 하는 책임자로 있으면서 K 임원과의 근무에서 얻은 경험을 그대로 실행하고자 노력하였다. 직원들의 생일이면 나도 카드를 발송하거나, 케이크를 선물하곤 하였다. 그러나 조직의 규모가 커지면서는 일대일로 해결하기 어려워 생일이 아닌 생월이라는 용어를 써서 그 해당 월에 생일이 속한 모든 사람을 함께 불러 간단히 사무실에서 케이크 커팅을 하게 되었다. 조직의 규모가 수백 명이 된 다음에는 그것도 쉽지 않으니, 팀별로 자율적으로 생월파티를 시행하는 것으로 바뀌게 되었다.

또한, 아이들 입학식이나 졸업식에는 간단한 학용품 같은 선물을 준비하였다. 주로 자녀들의 초등학교 입학식을 챙겼는데, 직원이 말하지 않아도 인사기록부상 대부분 파악이 가능할 뿐 아니라 평소 정기적인 면담 등을 통해 충분히 파악이 가능한 부분이었다.

그런데 자녀가 초등학교를 입학하는 3월이 오면 선물보다 더 큰 문제가 있었다. 매년 3월 초가 되면 통상 어느 학교에서는 신입 학부형 엄마들이 며칠씩 하교를 따라나니게 하는 경우가 자주 발생하였다. 여직원 수가 작은 조직에서는 그저 연차 등을 이용하여 휴가를 주면 그만일 수 있지만, 규모가 큰 여성 조직의 경우는 그 대상자가 너무 많아 매우 곤란할 때도 있었다. 누구는 보내고 누구는 안 보낼 수도 없고……, 그런 경우는 날짜별 휴가 가능 인원을 사전에 미리 공지하고 자율적으로 결정하도록 하였다. 휴가 가능 인원을 제한하고 공지하니 자연적으로 다른 휴가는 제한될 수밖에 없었다.

일방적으로 상사가 휴가 대상자를 정하면 휴가를 가지 못하는 사람들의 불만이 있을 수 있지만, 휴가 가능 인원을 사전에 오픈하고 자율적으로 정하도록 하면, 팀에 따라서는 돌아가면서 휴가를 가거나, 제비 뽑기를 하거나, 어느 한 편이 일방적으로 양보하기도 하였다. 관리자나 상사가 간섭하면 결론도 나지 않고 불만만 생기므로 스스로 해결하도록 내버려 두는 것이 더 좋았던 듯하다. 조직을 오랜 기간 운영해 본 결과, 그러한 일을 자율적으로 잘 화합하여 서로 불만을 없애고 팀 내에서 잘 양보하거나 해결하는 사람이 나중 팀장으로서 팀을 잘 이끌 리더로서도 적합한 사람일 경우 또한 많았던 듯하다.

또 하나 중요한 것 중 하나가 가정 내에 환자가 생기는 일이었다. 남편이나 가족 중에 교통사고로 중상을 당해 병원에 누워있는데 일 때문에 자리를 뜰 수 없는 상태가 되는 경우이거나, 특히 자녀들이 놀이터에서 넘어져 작은 상처가 나서 몇 바늘 꿰매는 경우에는 아내나 부모의 처지가 되면 누구나 일에 집중하기 어려운 상태가 되었다. 근심이 클수록 일에 집중하지 못하는 것은 당연할 것이었다. 그럴 때는 즉시 조퇴나 휴가를 보내 주는 것이 가장 좋은 방법이었다. 근심이 가득 찬 직원을 붙잡고 일하도록 강요한다고 성과가 오를 리 없을 것이다.

대부분 직원도 지금 하고 있는 일이 얼마나 중하고 급한지를 잘 알고 있었다. 그러나 가정 내 환자가 있으면 많은 걱정을 유발하여 일도 할 수 없고, 환자를 돌볼 수도 없는 상태가 되어 당연히 일이 제대로 진척될 리가 없었다. 그때는 그 직원에게 먼저 급하고 중요한 일을 하도록 배려하였다. 그러나 어떠한 경우라도 직원들은 절대 무책임하지 않았다. 환자 옆에 있어도 일의 과정이나 결과가 쉽게 떠나지 않기 때문에 급하고 큰 문제가 해결되면 바로 자리로 돌아오곤 하였다.

우선 중요한 것은 그들의 개인적 문제를 어떻게든 해결할 수 있도록 배려하면 그 이후 틀림없이 더욱 큰 일의 성과를 가져온다는 것이다. 환자 상태에 따라서는 상사가 직원의 동료들과 병문안을 해서 가만히 작은 성의라도 표시한다면 더욱 좋은 기회가 될 것이다.

## 직원을 감동시키면 성과로 돌아온다.

직원들은 회사나 상사의 작은 배려에 감동한다. 자녀의 입학식에 학용품을 선물해도 혼자 받는 것이 아니라 누구에게나 똑같이 전달되는 것이라면 별로 고마움을 갖지 못할 것 같기도 하지만, 여직원에게 회사나 상사의 작은 배려는 중요한 관심의 표현임으로 직원과의 유대관계가 더욱 좋아질 것은 틀림없다. 매년 동일한 행사를 해서 대부분 예측할 수 있음에도, 직원들은 늘 고마워하였다. 추가적으로 아이의 이름을 학용품에 적어서 주면 더욱 감동하였다. 그리고 그 감동은 업무의 성과나 조직의 충성도로 반드시 전이되었다고 나는 지금도 확신한다.

직원들의 개인사에 대해 무관심해서는 안 된다. 그것이 특히 근심이나 걱정을 유발하는 일이라면 더욱 관심을 가지고 배려해야 한다. 직원들의 근심이나 걱정을 해결할 수 있도록 관심을 가져 주면 나중 업무 성과로 반영될 것은 틀림없을 것이다.

# 10 &gt; &gt; &gt; &gt; &gt;   술과 담배를 자제하라

술과 담배는 많은 사람에게 스트레스 해소나 긴장이나 피곤을 풀어 주기도 한다는 면에서 긍정적인 면이 있음은 부정할 수 없을 것이다. 더욱이 요즈음 술과 담배는 남성에게 있어서 뿐만 아니라 여성들에게 있어서도 아무도 상관하거나 간섭할 수 없는 범주에 속하는 개인의 기호품으로 모두들 인식하므로 이를 이야기한다는 것 자체가 고리타분하다고 할 수도 있다. 최근에는 회사 내에 '여성 전용 흡연실'을 설치하는 기업도 꽤 생겨날 뿐 아니라, '여성 흡연실 완비'를 채용 공고 게재 사항에 포함하여 공고되는 것을 쉽게 확인할 수도 있다. 그밖에도 알코올 도수가 낮은 여성 전용 술이나 여성 전용 주점도 생겨나고 하는 터이니, 술 마시고 담배 피우는 것을 가지고 누구에게라도 왈가왈부하다 보면 구시대적 유물로 평가 절하 받게 될지도 모른다.

그러나 리더의 경우 술과 담배에 대하여는 마냥 긍정적으로 얘기할 수만은 없을 것 같다. 혼자서 술을 마시고 담배를 피울 권리는 남에게 피해를 주지 않는다면, 여성 조직의 리더뿐 아니라 누구에게나 당연하고 자유로운 권리일 것이다. 그러나 리더는 때로는 특히 공적으로는 술과 담배를 너무 가까이하지 않는 것이 좋다.

왜냐하면, 첫째, 술은 많은 리더들을 실수하게 만들기 때문이다. 그 실수가 직원들이 없는 지역이나 가정에서 일어나는 것이라면 크게 염려할 것도 없겠지만, 직장 내에서 회식이나 기타 행사 중 일어났다면 리더 자신이 가지고 있던 직위의 보존이나 미래의 지위에 엄청나게 큰 걸림돌이 될 수도 있다.

둘째, 담배의 경우 직원들 중 흡연자들은 리더가 흡연자이건 비흡연자이건 별로 상관하지 않겠지만, 비흡연자의 경우 리더에게서 나는 혐오스러운 냄새에 가까이 가지 않으려 하거나 리더에 대한 기억이 역한 담배 냄새로 귀결된다면 리더가 담배 몇 개비 피운 것이 조직 관리에 마이너스 요소로도 작용할 수도 있다는 것을 그저 묵과하긴 어렵다.

## 리더가 술을 자제하고 담배를 멀리하는 것은 또 하나의 필수 업무이다.

평소에 조용하거나 행동에 품위가 있고, 철두철미하던 리더들도 술을 마시고 많은 실수를 한다. 우리는 언론을 통해서도 고위공직자들이나 기업의 CEO들이 술을 마시고 실수를 해서 큰 낭패를 볼 뿐만 아니라 자기 직위를 유지하지 못하는 많은 사례를 수없이 보아 왔다. 그것이 남의 나라 먼 이야기가 아니고 오늘 조직을 이끄는 리더 당신에게도 어느 날 갑자기 일어날 수 있는 일이다.

K 이사는 평소 누구나 그를 '깔끔한 사람'이라고 평가하였고, 그렇게 생활하여 왔다. 그러던 K가 처음으로 여성 조직의 장을 맡게 되었다. 처음 부임했으니 인사차 순회하면서 관리자들과 회식을 하게 되었는데 1차, 2차를 거치면서 노래방까지 회식이 점차 연장되어 갔다. 노래를 부르며, 어깨동무를 하기 시작하고, 앉아 있는 직원들의 손목을 잡아 불러 일으키고 하는 과정에서 조금은 지나친 스킨십들이 발생하였다. 거기에 직원들에게 함께 춤추기를 반쯤은 강요하게 되고…….

이러한 과정들에서 대부분 여성 관리자들은 K 이사의 성희롱적 행동에 모멸감과 수치스러움을 느끼게 되었다. 일부 반발도 있었지만, 아무도 그 자리에서는 이의를 제기하거나 하지 않았다. K 이사는 그 사실을 알았는지 몰랐는지 그러한 행동들을 멈추지 않았고, 서로 말은 안 했지만, 그날의 회식은 상당한 불쾌함을 남기고 끝나게 되었다. 남성 조직에서라면 혹 넘어가 줄 수 있는 행동들이었을지 몰라도 그 후 누구도 K 이사와 회식하지 않으려 했을 뿐 아니라, 얼마 지나지 않아 그런 소문들이 돌면서 결국 K 이사는 그 자리를 오래 유지하지 못하고 물러나게 되었다.

담배의 경우에도 우리는 기호품으로 아무렇지도 않게 생각한다. 심지어 어떤 여성 중심 기업은 간식 시간에 담배를 나누어 주는 경우도 있는 것으로 들었다.

나는 콜센터 본부장을 맡고 10년 가까이 전 직원 금연운동을 열심히 펼쳤었다. 그때에는 나도 금연을 하고 관리자들에게도 거의 반강제로 금연을 권장하였다. 그 당시 금연운동을 추진한 것은 콜센터 업무 특성상 말을 많이 하는 직업을 가지고 있는 사람들이 담배를 많이 피우는 것이 목소리를 유지하는 데 해가 된다고 판단했기 때문이다. 관리자 중 나이가 많았던 S 팀장도 나의 권고인지 반강제적 권유가 원인이 되었는지 몰라도 얼마 후 금연을 하게 되었다. 그리고 얼마 지나지 않아 다른 사람이 피우는 담배 냄새를 맡고는 속이 역해진 경험을 하게 되었다고 했다. 그 경험을 하고 나서 S 팀장은 퇴근 후 가정에 돌아가 아내에게 십여 년간 함께 살면서 그 역겨운 담배 냄새를 참아 주어 고맙다고 인사했다고 하는 얘기를 들은 적이 있다.

담배, 혼자 피우면 스트레스 해소가 될지 모르지만, 조직 내 비흡연자에게는 역하고 기분 나쁜, 접근하기 싫은 냄새로만 기억될 수도 있다. 결국, 리더의 몸에서 나는 역한 담배 냄새가 직원들을 리더로부터 멀어지게 만드는 주원인이 될 수도 있는 것이다. 직원들을 만나기 전에 몸에 향수를 뿌리는가? 리더가 설사 향수를 뿌리지는 못할망정 직원들에게 몸에서 역한 냄새가 나는 리더로 기억되지는 않았으면 좋겠다.

## 공적인 경우라면 리더는 기호품도 자제해야 한다.

술과 담배는 스트레스나 긴장을 해소시켜 주는 경우도 있다 하니, 개인에게는 참 고마운 기호품일 수도 있다. 그러나 조직의 리더에게는 긴장 해소보다 술에 의한 돌이킬 수 없는 실수나 담배로 인해 몸에서 나는 역한 냄새로 여직원들로부터 따돌림을 당할 수도 있는 것이다. 내 술주정이나 냄새를 참아 주고 받아 주는 것은 내 아내나 가족뿐이 아닐까 생각된다.

여성 조직의 리더도 직원들의 회식 자리에 참여하지 않을 수는 없다. 직원들의 회식은 리더를 위한 것이 아니라 직원들을 위한 것이다. 그러니 리더보다는 직원들이 술을 마시고 즐겨야 하는데 오히려 리더가 그 자리에서 지나치게 과음하다 보면 큰 실수도 하게 되는 것이다. 리더가 술을 자제하지 않으면 한순간의 실수로 모든 것을 잃어버릴 수도 있음을 잊어서는 안 된다.

또한, 리더에게서 맡는 냄새는 향기롭다고 기억되게 하는 것은 어떨지 생각해 보면 좋겠다. 마주하기 싫을 만큼 역한 냄새를 풍기는 리더가 되지는 말아야 할 것이다. 담배가 피우고 싶다면 퇴근 후 열심히 피우고, 술 취해 추태 부리거나 아침까지 취한 모습 보이지 않고 아침에는 항상 밝은 얼굴로, 좋은 향기로 직원들을 대하는 것이 리더에 대한 이미지를 더 좋게 만드는 일이 되지 않을까 생각된다.

# 끝까지 신뢰하라
# 권한을 이양하라

제4차 산업혁명 시대 성공적인 여성 조직 50가지 노하우

# 11 > > > > > 직원들 간 비공식 채널을 만들지 마라

　우리나라의 직장인이 겪는 가장 큰 어려움 중 하나는 조직 내 커뮤니케이션일 것이다. 부서 간, 또는 상하 간 또는 동료 간 커뮤니케이션의 단절이나 혼란이 조직 활성화에 가장 큰 걸림돌이 되기도 함은 자명하다. 조직 내 커뮤니케이션이 효과적인 커뮤니케이션이 되지 않으면 조직의 성과를 성공적으로 달성하기는 매우 어렵다.

　통상 커뮤니케이션은 공식적 커뮤니케이션과 비공식적 커뮤니케이션으로 구분한다. 공식적인 커뮤니케이션은 조직의 구조나 업무와 관련된 커뮤니케이션, 즉 결재 및 보고, 명령 하달, 지시 라인이고, 비공식적 커뮤니케이션은 구성원 사이에 자연 발생적이고 사적인 만남이나 업무 외적인 대인관계에서 발생하는 커뮤니케이션을 뜻한다. 공식적인 커뮤니케이션이나 비공식적인 커뮤니케이션이나 조직의 성과에는 매우 중대한 영향을 미친다. 공식적인 커뮤니케이션이 원활해야 조직이 역동적으로 움직일 수 있음은 물론이지만, 비공식적인 커뮤니케이션이 정보나 의사 전달에 있어 잘못된 소문을 양산하거나 원래 뜻과는 다르게 전달되는 등 제대로 작동하지 아니하면, 비공식적 커뮤니케이션은 조직 생산성에 매우 부정적일뿐 아니라 심지어 악영향을 끼치기도 한다.

공식적인 커뮤니케이션은 회사의 조직 체계와 제도 등에 따라 조정하거나 개선할 수 있지만, 비공식적 커뮤니케이션은 자연 발생적으로 생겨남으로 통제하기가 더욱 어렵다. 그러나 비공식 커뮤니케이션이라고 해서 꼭 부정적인 것만은 아니다. 비공식 커뮤니케이션도 공개화하고 정상화시키면 얼마든지 조직의 집단 응집력을 높이는 힘이 되는 것이다. 따라서 비공식적인 커뮤니케이션의 정상적인 활성화는 매우 중요하다. 하지만 특히 문제 되는 것이 일명 '뒷담화'이다. 비공식적 커뮤니케이션이 끼리끼리 모임에서 잘못된 전달이 되면 조직의 응집력을 약화시킬 뿐 아니라, 조직을 와해시키는 중요한 요인이 되기도 한다.

## 비공식 채널은 조직을 분열시킨다.

조직의 리더 중에는 조직을 관리하는 데 있어서 일부러 비공식 채널을 통해 정보를 얻고자 하는 리더를 많이 보아 왔다. 공식적인 커뮤니케이션보다는 비공식적이고 비공개적인 커뮤니케이션 채널을 더 이용하는 상사들은 대부분 그 채널에 일정한 사람들을 두고 수시로 정보를 얻으려 하는 경우가 많다. 그러한 사람을 통상 '심복' 내지는 '스파이'라고 칭하기도 한다.

많은 조직의 상급 관리자들이 조직 구성원들의 의견을 파악한다는 미명 아래 많은 비공식 채널을 운용하기도 하지만, 그러나 누가 그 채널에 속해 있는지, 즉 심복이고 스파이인지 오래지 않아 모두가 다 알게 된다. 그런 채널에서 보고하는 사람, 즉 심복은 자기가 중요한 사람임을 나타내고 싶어하고 은근히 과시하려고 하는 욕구를 갖고 있음으로 은연중에 자기의 역할이나 상사의 정보를 표시함으로써 조직 전체에서 그 내용을 금방 다 알게 되는 것이다.

그 사람은 동료들의 의견만을 상사에게 전달해 주는 것이 아니라, 윗사람의 행동, 생각, 방향 등에 대해서도 동료들에게 전달하는 중간자 역할을 하기도 한다. 그러나 그 전달 내용이 자기 과시인지 또는 사실인지 아닌지는 아무도 확인할 방법이 없다. 그러한 채널의 인물이 드러나는 경우 두 가지의 성향이 나타난다.

하나는 그 채널이 심복이거나 중요한 사람이라 여기고 그 사람에게 잘 보이려고 하거나 심지어 사내에서 뇌물 같은 유형이 발생하는 형태로 나타나기도 한다. 그 비공식 채널의 심복은 자기의 역할이나 상사와의 관계에 대해서도 확대하여 스스로 퍼뜨리기도 하기 때문에 새로운 구심점, 즉 권력에 대한 아부, 접대의 대상이 되거나 시기, 질투의 대상이 되는 것은 말할 것도 없는 것이다.

또한, 누가 퍼뜨렸는지 알수 없으나, "누구누구는 그 사람에게 무엇을 사 주었더라." 하는 소문이 확대 재생산되어 가며, 뒷담화만 무성해진다. 그 결과로 조직 내에 비공인 권력이 생긴다. 질투의 대상이 되는 경우에는 타 조직원이 스스로 상사에게 새로운 채널, 즉 '스파이'가 되기를 자청하게 되거나 서로 헐뜯기나 거짓 소문을 양산하여 조직 내에 불신감을 확대하기도 하고 혼란을 발생시키게 된다. 다시 말해, 그 채널을 통하면 진급 등 특혜를 받을 것으로 생각하거나, 멀리하면 불이익받을 것이 두려워 그 비공인 권력에 복종

하거나 뇌물을 제공하게 된다. 그러다 보면 뒷담화는 점점 심각한 수준으로 발전하기도 한다.

심지어 그 안에서-상사는 전혀 모르는데-진급 및 인사 이동 내용까지 전부 결정되고 소문으로 확대 재생산되기도 한다. 다른 편의 조직 구성원들은 그러한 성향을 알고도 접근하지 않을 뿐, 더 많은 불만을 갖고 그들과 담을 쌓거나 편가르기를 할 뿐만 아니라 정반대 의견을 가진 소문들을 확대 재생산하는데 일조를 담당하기도 한다. 결국, 그러한 비공식 채널의 운용은 조직 내 불만 생산의 근원이 되며 직장 내 편가르기의 원인이 된다.

또한, 그러한 채널을 이용하는 경우 통상 조직원 각자 자기의 행동이 언제 상사에게 보고될지 알 수 없으므로 인하여 불안감을 가지게 되며 서로 불신하게 된다. 늘 감시받는다는 느낌이 조직 내 만연하게 됨으로 조직 구성원끼리도 서로 믿지 못하게 되며, 서로 아무것도 공유하지 못하게 된다. 또 채널에 전달하는 정보는 언제나 자기에게 유리한 것만 선택하여 전달하거나 새롭게 생산함으로 온전한 정보가 상사에게 전해진다는 보장은 애당초 없으므로 당연히 조직의 시너지 효과는 기대할 수 없게 된다. 결국, 조직응집력은 약화되고 불만 생산의 근원이 되며, 직장 내 편 가르기의 원인이 되는데 그러한 채널을 운영하는 상사 본인만 모르는 경우가 허다하다.

W 회사의 모 임원은 그러한 채널을 자주 이용하였다. 회의에 들어가면 현장의 모든 상황을 다 알고 있는 듯 말하고 행동하였다. 그러나 대부분이 정확한 정보보다는 한쪽에 치우친 내용일 수밖에 없었다. 심지어 해당 조직 내에서는 옆의 조직에까지 '누구누구는 무

얼 선물하고 진급했다.'라는 말부터 시작해서 '지난번 이사님에겐 ㅇㅇ가 고자질했어.' 등 확인되지 않는 소문만이 무성해져 갔다. 거기에 편승하는 사람도 있고, 강하게 반발하는 사람도 있어 조직 내 분위기는 서로 협조하거나 공유하지 않고 모든 것을 감추거나 비밀로 하는 행동들이 더욱 역력해졌다. 결국, 조직 내 뒷담화만 무성해져 갔는데, 나중에 점점 커져서 감당할 수 없게 되고 말았다.

## 뒷담화는 뒷담화로 끝내라.

조직의 관리자는 뒷담화를 인정하지 말아야 한다. 가능한 누구든지 통제받지 않고 상하 간에, 동료 간에 공개적으로 의견을 전달하고 공유할 수 있다면 뒷담화는 발생하지 않는다. 관리자는 보고 채널뿐 아니라 면담을 통해서, 현장 방문을 통해서 여러 가지 동아리 활동이나 업무 외적인 활동들을 통해서도 현장의 소리를 정확히 들을 수 있어야 한다.

뒷담화를 들으려고 하면 뒷담화가 자연적으로 확대 재생산된다. 뒷담화로 들리는 소문은 그대로 두거나 무시하는 편이 낫다. 중요한 사항은 반드시 공식 또는 비공식 채널을 통해 복수로 확인해야 한다. 뒷담화만을 인정하지 마라. 뒷담화는 뒷담화로 끝내라. 그것이 확대되면 조직은 와해 된다. 모습이 조직이라고 조직이 아니다. 그저 모습만 조직인 경우는 조직이 아니다. 함께 생각하고 공유하며 한 방향으로 나가는 조직의 시너지 효과를 기대할 수 없다면 조직이 아니라 그저 사람들의 군집일 뿐이다.

# 12 > > > > > 권한 이양도 공명정대하게 시스템적으로 하라

권한 이양은 어렵다. 그러나 권한 이양을 하지 않는 조직은 죽은 조직이며 미래가 없는 조직이다. 회사의 대표가 혼자서 모든 일을 해야 하는 1인 기업이 아닌 한 모든 조직은 권한 이양을 반드시 해야 한다. 어떠한 조직도 권한 이양을 하지 않으면 존속하거나 성장할 수 없다. 소규모 식당을 운영하는 자영업자라도 식당의 대표는 자기의 업무를 타 직원들에게 권한 이양을 통해 분담해야 하는 것이다. 소규모 식당에도 주방장이 있고 홀에서 서빙하는 아르바이트가 있다. 식당의 대표가 주방장이 미덥지 않다고 하여 늘 주방을 들락거리며, 혹 주방장이 음식에 나쁜 것을 넣었나? 혹 요리 재료를 빼돌리지는 않는가? 내가 없을 때 홀 서빙하는 아르바이트생은 혹 제대로 손님을 접대하나? 혹 계산하고 돈은 제대로 받았는가? 모든 것들을 직접 결정하고 챙기면서 이러한 일들을 제대로 업무 분담되지 않는다면 사장이 쓰러지거나 그 식당은 제대로 된 서비스를 할 수 없어 곧 문을 닫아야 할 것이다.

권한 이양은 단순한 업무 분담이 아니라 조직의 리더가 해야 할 일에 대한 권한과 책임을 부하 직원에게 맡기고 책임지게 하는 것이다. 권한 이양은 신뢰에서 출발한다. 그러나 신뢰라고 하여 편애를 이야기하는 것은 아니다. 신뢰는 개인적 능력보다는 시스템에서 저절로 구축되어야 하기 때문이다.

## 권한 이양은 시스템적으로 공명정대하게 이루어져야 한다.

좋은 식당에서도 가끔 차려진 음식 중에서 머리카락 등 이물질이 나오는 경우가 있다. 어느 날 대전의 유명한 S식당에서 식사하다가 음식에서 이물질이 나온 경우가 있었다. 홀 서빙을 담당하는 종업원을 불렀더니 바로 사과하고 "새로 갖다 드리겠습니다." 하고 모든 것을 신속히 해결해 주었다. 이것이 시스템적 권한 이양이다. 홀을 서빙하는 종업원에게 그러한 결정을 할 수 있는 권한을 전혀 주지 않았다면, 어느 종업원도 함부로 식사를 새로 내오는 결정을 하지 못했을 것이고, 고객은 사장이 결정하기 전까지 기분 나쁜 상태로 있어야 할 뿐 아니라 결정이 길어지거나 잘못 표시될 경우는 고객이 그 식당을 떠나서 다시는 오지 않는 이유도 되는 것이다. 권한 이양은 말 그대로 권한도 주는 것이다. 음식만 서빙하는 책임이 있는 것이 아니라 그 즉시 해결할 수 있는 권한도 주어지는 것이다. 그렇지 않으면 모든 것을 조직의 리더가 결정해야 함으로 고객접점에서는 결정이 늦어지거나 판단의 오류로 인해 더 많은 손해를 발생시킬 수도 있는 것이다.

또한, 권한 이양은 시스템적으로 공명정대하게 이루어져야 한다. 사장과 친하다거나 가깝다고 혹 여러 가지 다른 사유로 개인별 권한 이양 수준이 다르다면 조직이 온전할 수가 없다. 특히 누구도 인정하지 못하고 조직의 리더만이 평가하는 단순 능력별 권한 이양은 조직의 실패나 몰락을 가져온다.

가령 은행 지점의 한 창구에 여러 직원이 있는데 직원들 업무 중 예금 통장 개설 업무는 지점장이나 차장급의 전결 사항이라고 권한 이양되었으면 그대로 이행되어야 한다. 가령 창구 직원 중 능력이 있다고 평가받는 A 사원은 책임자가 자리를 비우는 경우 자기가 임의로 도장을 찍어 예금 통장을 개설하는 데 B 사원은 업무 능력이 떨어진다는 이유로 못 하게 한다면 조직 내 업무의 협력이나 공유가 와해 되고 만다. B는 공개적으로 자신의 능력을 인정받지 못함으로 인해 불만이 쌓이거나 이탈하게 될 것이다. B뿐 아니라 다른 직원들도 업무에 불만을 갖게 될 뿐 아니라 A에게 줄을 서거나, A를 왕따시키기도 할 것이다. 반대로 B가 그러한 조치를 이해한다고 하더라도 신속히 업무 처리를 하기 위해서 책임자가 자리를 비운 사이 A에게 부탁하게 될 것이고, A는 리더 행세를 하거나 아니면 그저 확인 없이 도장을 찍어 주게 될 것이다. 결국 B도 점검 없이 업무를 처리하게 됨으로 문제는 늘 발생할 소지를 갖게 되는 것이다. 책임자가 자리를 비울 경우는 사전 정해진 시스템과 규정에 따라 반드시 바로 위 상급자 또는 바로 아래 하급자에게 권한 이양을 해야 할 것이다.

사업본부장 시절 독립 채산제로 운영하면서, 회사의 은행 거래용이나 법적인 서류에 사용하는 인감을 회사로부터 위임받아 관리해야 했던 적이 있다. 그런데 통상 많은 사무실에서 이러한 인감들을 경리 담당 여직원에게 맡겨서 사용하는 경우는 매우 흔하게 발견된다. 특히 경리 담당 여직원이 일을 잘하고 신뢰할 수 있는 경우는 더욱 그렇다. 그런데 문제는 그 직원이 타부서로 발령 나던지 그만두든지 해서 후임이 오는 경우이다. 이 경우 습관대로 인감을 맡길 수도 없고, 그렇다고 맡겼던 인감을 회수하면 새로운 직원의 경우 상당히 불쾌감을 느낄 수도 있다. 어찌해야 할까?

나는 사업본부장 시절 항상 최종 인감만은 직접 관리하였다. 경리 담당 여직원이 매우 우수하고 신뢰도 상당한 수준이었지만, 결코 맡기지 않았다. 나중 후임이 왔을 때도 항상 동일하였다. 단, 자리를 비우는 경우에는 차석인 관리자에게 인감을 맡기고 자리를 비웠다. 사업본부장뿐 아니라 영업지점장으로 근무하던 시절도 동일하였다.

업무의 권한은 가능한 이양해야 한다. 그러나 권한이 사람 개인에 따라 이양하는 것이 아니라 권한 이양에는 원칙이 있어야 하고, 시스템에 의해서 이양되어야 한다. 그래야 상황이 갑자기 바뀌더라도 오차 없이 모든 일이 순조롭게 돌아가게 될 것이다. 또한, 권한 이양이 개인별로 차별화될 경우 언제나 조직 내 불만의 원인이 될 것이다.

금융회사에 오래 근무하면서 많은 부서가 권한 이양 문제로 여러 가지 사고를 겪는 경우를 보아 왔다. 오래전 처음 지점장으로 발령받고 지점의 업무를 파악하기도 전에 지점 내에서 가장 업무를 잘한다는 숙련된 여직원이 업무 중 대형 금전 사고를 유발하였던 적이 있다. 늘 창구에 찾아와 일처리를 하는 영업사원이 고객의 인감을 도용하였는데, 그 여직원은 해당 영업사원이 늘 업무를 잘 처리해 줌으로 서류가 미비했는데도 그의 요구에 추가 확인 없이 그냥 믿고서 여타 보고도 없이 대출을 집행해 준 것이었다. 지금이야 그런 사고의 경험들로 인해서 많은 체계를 보완하였지만, 어찌 되었던 리더가 가장 믿었던 직원이, 그 직원이 믿었던 영업사원의 고의적 금전 사고를 확인하지 못하는 결과가 되어 큰 곤혹을 치른 적이 있다.

모든 것은 시스템적으로 권한을 주고 시스템적으로 관리되어야 한다. 친하거나 일을 잘한다고, 또 잘 안다고 개인별 권한을 이양하면 권한을 이양받은 그 사람의 과실로 인해 반드시 사고는 생기는 법이다.

## 권한 이양의 결과는 상사의 책임이다.

상사가 판단할 때 믿음직스러워 보인다 하여 하나둘 업무를 맡기기 시작하지만, 거기에는 늘 함정이 도사리고 있는 것이다. 권한 이양은 단순 능력별이 아닌 직책별로 이루어져야 한다. 상사가 판단하는 단순 능력별로 권한 이양이 되는 경우 능력에 대한 오판으로 인한 결과는 상사 몫으로 남을 뿐이다. 또한, 권한 이양은 업무의

건 별로 하는 것이 아니다. 일정한 업무의 범위별로 하는 것이다. 가령 은행 창구의 지점장이나 차장 등 상사가 본인이 자리를 비울 경우 직원으로 하여금 맘대로 도장을 찍어 업무 처리를 하도록 했다면, 그 상사는 그 조직에서는 필요없는 사람이 되고 마는 것이다. 없을 때는 맘대로 찍게 하고, 있을 때는 확인해야 한다는 것은 있으나 없으나 맘대로 도장을 찍게 하는 것이 오히려 업무 생산성 측면에서 보면 더 맞을 것이다.

그러나 조직의 리더가 자리에 없어도 있을 때와 마찬가지로 일처리가 척척 진행된다면, 즉 아무나 할 수 있는 일이라면 많은 월급을 주면서 그 리더를 조직에 두어야 할 이유가 절대 없는 것이다.

# 13 > > > > > 자율적으로 권한을 이양하라, 이양하면 끝까지 맡겨라

권한을 이양하는 일은 사실 매우 어렵다. 어디까지 이양할 것인 가? 권한 이양 후에는 어떻게 점검할 것인가? 권한을 이양하면 제대로 잘 해낼 수 있을까? 여러 가지의 문제가 복합적으로 발생하는데 이런 것들을 모두 염두에 두고 있지 않으면 권한을 이양할 수 없다. 또한, 권한을 이양하더라도 그 결과를 확인할 방법이 없다든지, 능력이 부족한 직원에게는 어느 정도까지 권한 이양을 할 것인가가 미리 점검되어야 한다.

직원들에게 권한을 이양하고 책임을 부여하면 리더 혼자 하는 것보다 훨씬 더 좋은 성과가 나오는 것은 당연하다. 다행히 나는 권한 이양과 관련해서는 지점장 초임 시절을 빼고 한 번도 잘못된 경험을 한 적이 없으니 조직의 리더로서는 매우 운이 좋았던 모양이다. 콜센터 사업본부장 시절 우리 원청사의 담당 부장은 나에게 이러한 표현을 하곤 했다. "당신 직원들은 모두 충성스럽고 능력 있는 직원들만 있다." 그리고는 나를 늘 부러워하였다. 그의 말처럼 우리 직원들은 전부 맡겨진 일들을 필요 이상으로 잘해 주었다. 언제나 좋은 성과를 냈고, 언제나 자기에게 맡겨진 책임을 다했다. 나는 그저 독려만 해주면 될 뿐이었다. 그 당시 우리 조직은 500여 명의 직원에 초급 및 중간 관리자만 50명이 넘는 대형 조직이었다. 그들의 일들을 모두 다 내가 챙기고 내가 직접 다 관여했다면 아마 나는 누구보다 먼저 과로로 이 세상을 하직하진 않았을까 생각된다.

## 권한을 주지 않는 권한 이양은 업무 떠넘기기일 뿐이다.

지방의 M시에서 지점장으로 근무하던 시절이었다. A사의 M지점은 당시 회사 내에서도 상위 10% 안에 드는 대형 지점이었다. 지점 산하에 영업소와 주재소가 약 20여 개 정도나 되고, 영업사원도 수백 명으로 업무 자체도 많을 뿐더러 자동차 사고 시 보상을 담당하는 보상 사무소도 같은 공간 내의 사무실을 쓰고 있어 사무실 내는 직원과 고객을 비롯한 많은 사람으로 늘 북적거리며 온종일 바쁘고 정신없었다.

내가 지점장으로 부임을 하고 며칠 안 되어 지점의 관리과장으로부터 여직원 S를 교체해 달라는 요청을 받았다. S는 지점장 스텝이면서 그 외 개별적인 주 업무는 영업사원들이 사용하는 영수증에 대한 불출 및 회수, 분실 신고 등을 관리하는 일이었다. 전국의 모든 지점의 영수증 관리 결과는 매월 감사실에서 지점별로 집계하여 그 결과를 주기적으로 공표될 뿐만 아니라 지점장이나 관리과장의 인사고과나 평가에도 반영하였던 시절이다. 지금은 주로 컴퓨터로 발행한 영수증을 사용하지만 그 당시 영수증은 모두 직접 수기로 쓰는 영수증을 사용했었다. 금융업계 중에서도 보험회사의 영수증 분실은 현금 분실보다 더 많은 문제를 야기시킬 수도 있으며 이는 백지수표 남발과 같은 매우 중대한 사안으로 볼 수도 있는 것이었다. 영수증을 사용한 결과에 대해 사용되었는지, 회수되었는지, 분실이나 또는 폐기되었는지를 매 건별로 정리하는 사용 후 관리는 지점을 관리하는 입장에서는 매우 중요한 업무 중 하나였다.

그런데 그 평가 결과가 일년 내내 D등급, 즉 전국에서 꼴찌 수준이라는 것이다. 그래서 관리과장의 요청은 S는 능력이 부족하니 타 직원과 즉시 바꿔 달라는 것이다. '지점에서 일 못 한다고 다른 곳으로 보내면 그곳 일은 잘한다는 보장이 있을까?' 그뿐 아니라 다른 여러 가지 문제도 있을 수 있어 그저 바꾼다고 될 일도 아니었다. S는 신입사원도 아니고 20대 중반을 막 넘긴 선임 여직원 축에 속하였는데 그러한 일들 때문인지 늘 주눅이 든 듯 보였고 말없이 조용히 시키는 일만 하는 것으로 보였다. 그러나 나는 며칠 그대로 두어보기로 하였다.

그런데 S의 업무 내용을 보니 보통 바쁜 게 아니었다. 지점과 보상 사무소가 함께 쓰는 사무실에는 수십 명의 직원이 함께 근무하고 있었는데 많은 고객이 온종일 붐비는 곳임에도 손님이 올 때마다 거의 모든 관리자나 직원들이 S에게 커피 심부름이나 복사 등을 시키는 것이었다. 자기 업무가 아닌데도 두 부서의 선임 직원들이 커피 심부름이나 복사 등을 시키니 안 들어주기 어려웠던 모양이었다. 그러니 S의 주 업무는 지점장 스텝과 영수증 관리가 아니라 실상 커피 심부름 등 손님 접대와 복사였다. 도저히 영수증을 관리할 수 있는 시간 자체가 있을 수가 없었다. 또한, 사용 후 영수증에 대한 반납이나 결과 보고를 미루는 영업사원들의 고압적인 태도는 고쳐질 줄 몰랐다.

며칠 후 관리과장과 S를 불렀다. 그리고 S를 그 업무에 그대로 두게 하였고, 먼저 보상 사무소장을 포함한 모든 직원의 커피 심부름을 중지시켰다. 물론 그 후 나도 대부분 직접 커피를 따라 손님에게 내놓았음은 물론이다. 복사 심부름도 중지시켰다. 주 업무가 아닌데 자기 자신들이 바쁘다고, 자기보다 직급이 낮다고, 좀 친하다고 심부름시키는 건 70~80년대 군대에서나 있을 수 있는 일이었다. 아울러 영수증 관리에 문제가 있는 해당 영업소장을 불러 직접 질책하고 경고했다. 또한, S에게 영수증 보고에 대한 모든 권한을 공개적으로 부여하였다.

그저 문제를 해결할 수 있도록 S에게 권한을 주고 힘을 실어 주었을 뿐인데도 불구하고 불과 3개월여 이후부터 S는 내가 M 지점을 떠날 때까지 단 한 번도 영수증 평가에서 S등급을 놓친 적이 없었다. 직장 생활 30여 년 동안 그렇게 S만큼 자기 업무에 열심이고 충성스런 부하를 본 적도 많지 않다. 물론 그 후 S의 분위기는 언제나 환하고 밝게 변했음은 물론이다.

## 권한 이양은 조직 운영의 효율성을 극대화한다.

권한 이양에는 일 자체만을 넘겨주는 것이 아니다. 즉 일에 대한 책임과 함께 진짜 권한도 함께 주어야 한다. 권한 이양한 업무는 실제는 해당 조직의 리더가 해야 할 업무를 필요 및 상황에 따라 부하 직원에게 재분배하는 것이다. 많은 상사가 권한 이양을 한다고 하지만, 일에 대한 책임만 줄 뿐 권한을 주지 않으려 한다. 그리고 잘못된 결과에 대해 책임을 지려고도 하지 않는다. 한 조직의 업무에 대한 모든 책임은 조직의 리더에게 있음은 분명한 사실이다. 그렇다면 권한 이양 시에는 권한도 함께 줄 뿐 아니라 그들에게 든든한 빽이 되어 주고 열심을 다해 일한 결과에 대한 책임도 져 주어야만 한다. 권한 이양하였다고 과정이나 결과에 대해 모른 척한다면 그러한 조직의 리더는 존재할 이유가 없는 것이다. 권한 이양한 결과에 대한 책임은 당연히 일차 권한 이양을 받은 부하 직원에게 있지만, 근본적인 책임은 권한 이양한 조직의 리더에게 있음을 명심해야 한다. 의무만 주고 권한을 주지 않거나, 조직의 리더가 결과에 대한 책임을 지려 하지 않으면 권한 이양은 실패로 돌아갈 수밖에 없다. 권한을 주지 않는 권한 이양은 권한 이양이 아니라 업무 떠넘기기일 뿐이다.

또한, 권한을 이양할 때는 권한 이양한 업무를 담당할 수 있는 상태인지 확인해야 하고 그에 따른 방해물이나 불필요한 업무를 제거해 주어야 한다. 현재 지고 있는 업무도 힘겨운 데 권한 이양이랍시고 짐을 얹어 주면 그 직원은 쓰러지거나 도망갈 수밖에 없게 될 것이다. 방해물이나 불필요한 업무를 제거해 주고도 내가 권한을 이양한 업무가 어떻게 잘 돌아가는지 주기적으로 확인하여 지원하거나 어려운 문제를 해결해 주지 않으면 권한 이양 자체가 무산될 수도 있다. 확인하는 것은 불신하는 것이 아니다. 확인하지 않으면 나중 책임질 일이 더욱 커질 것 또한 분명할 것이다.

　권한 이양은 조직 운영의 효율성을 극대화하는 한 방법이다. 권한 이양이 잘 이루어져야 조직은 생산성을 더욱 크게 증가시킬 수 있을 뿐 아니라 성과 향상으로도 이어짐은 두말할 필요도 없다. 잘못된 권한 이양은 곧 조직 운영의 실패를 가져온다. 진짜 유능한 관리자는 자기의 업무를 잘 쪼개어서 부하 직원들에게 잘 권한 이양하는 관리자이다.

# 14 >>>>> 감동시켜라, 배신하지 않는다

구성원 모두가 조직의 리더에게 절대적으로 충성한다면 조직에서 리더의 영향은 실로 막강할 것이며, 조직은 일사불란하게 움직일 것이다. 그뿐만 아니라 리더의 역량 또한 무한히 발휘될 수 있을 것이다. 그러나 아무리 뛰어난 리더가 있는 조직이라 하더라도 구성원 모두가 예외 없이 한결같은 마음으로 리더에게 충성하는 조직은 없다고 한다. 예를 들면 조직 구성원의 특성에 따라 조직을 삼등분 하면 그중 첫째 그룹은 리더가 있으나 없으나 리더에게 충성하는 부류이며, 둘째는 리더가 있을 때만 충성하는 부류, 즉 리더가 자리를 비우면 충성하지 않을 수도 있는 조직이고, 셋째 그룹은 리더가 있으나 없으나 충성하지 않는 부류라고 한다.

그런데 어떠한 효율적인 조직도 이 세 그룹 중 어느 한 부분이라도 완전히 제로인 경우는 거의 없다고 한다. 훌륭한 리더가 이끄는 조직은 첫 번째 리더가 있으나 없으나 충성스러운 조직의 비율이 많고, 리더가 있으나 없으나 충성하지 않는 비율이 가장 적은 조직이라고 할 수 있을 것이므로 최고의 조직 운용을 위해서는 첫 번째 성향의 구성원을 많이 투입하거나 육성 또는 확보하여야 하지만, 구성원들의 성향을 파악하기가 매우 어려울 뿐만 아니라 첫 번째와 두 번째 그룹은 사실 리더 자신도 조직 구성원이 어느 쪽에 해당하는지조차 평소에는 구분하기란 쉽지만은 않은 것이다.

그러나 혹 조직의 환경이 크게 변하거나 위기 상황이 오면 그때는 누가 어느 쪽에 해당하는지가 쉽게 나타나기도 한다. 경험상으로 생각하면 대개의 경우 조직의 리더가 교체되거나, 조직이 타 상위 조직에 귀속되는 등 기존 리더의 권한이 축소되거나 소멸되는 경우에 조직 구성원들의 행태는 극단적으로 다르게 표출되거나 갈라지는 것이 일반적이다.

### 충성스런 조직은
### 상황이나 환경이 바뀌어도 배신하지 않는다.

본부장 시절 잠시 내가 맡았던 사업부가 다른 회사의 사업부로 흡수되었던 적이 있었다. 쉽게 표시하면 회사가 바뀌고 CEO를 비롯하여 새로운 권력이 등장한 것이다. 사업본부장으로 10년 가까이 근무했으니, 거의 모든 직원이 나에게 충성스럽게 보였고, 나 또한 그렇게 믿고 생활하였다. 그러나 조직이 흡수되자마자 직원들의 행동이 눈에 띄게 나타나게 되었는데, 일부러 고심하지 않아도 그들을 손쉽게 파악할 수 있었다. 여기에 남녀 간에는 분명 특별한 차이가 보였다. 남자 직원들의 경우는 일명 심복이라고 생각했던 직원들

중에서 먼저 행동이 가장 크게 변화를 주었다. 대개 충성스럽다는 첫 번째 그룹에 해당된다고 생각하는 직원들 중에서도 아주 극히 일부를 제외하면 나하고의 모든 커뮤니케이션 자체가 거의 단절되다시피 했다. 나의 지시는 전달되지 않았고 거의 공중분해 되었다.

그런데 흥미롭게도 그 당시 여직원들의 태도는 전혀 달랐다. 평소 첫 번째 그룹에 속한다고 생각된 대부분 직원의 태도에 변화가 없었으며, 심지어 후임자로부터 나의 심복이라는 소리를 들으며 손해를 볼 만한 상황에서도 태도에 별로 변화가 없었다. 세 번째 그룹도 크게 변함이 없었으니 환경이나 상황에 따라 태도가 돌변하는 경우가 별로 없었다. 통상은 여자가 쉽게 변심한다고 하지만, 이것은 조직에서 보면 처음부터 두 번째 해당하는 조직에 속한 군이었을 것이다. 일반적으로 두 번째 그룹은 리더가 바뀌거나 공석이 되면 당연히 태도가 바뀌는 것은 당연한 것이다.

혹자는 "남자는 조직에 충성하지만, 여자는 리더에게 충성한다." 라고 하는데, 이것과 별반 다르지 않다고 생각한다. 조직의 리더가 바뀌어도 조직은 같으므로 남자는 조직에 충성한다고 여기게 되며 새로운 리더에게 당연히 충성하게 되는 것이다. 그리고 그것을 배신이라고 생각하지 않으며 타당하다고 생각하는 것이 일반적이다. 따라서 리더의 입장에서는 배신이라고 생각되지만, 부하 직원의 입장에서는 당연하다고 생각되는 것이다. 여자의 경우는 다르다. 목표보다는 리더에게 충성한다는 것은 여자의 경우 남자보다 감성적이므로 자기에게 감동을 준 리더에게 충성하게 되어 있는 것이다.

즉 일의 목표와 리더에게 하는 충성 자체를 구분하는 것이다. 일의 목표와 리더의 지시가 같은 경우 하나로 보였지만, 리더가 위기에 처하거나 교체되었을 경우에도 여자는 종전의 리더에게 했던 그대로 행동을 취하게 되는 것이라 생각된다.

## 감동시켜라. 그것이 리더에게 충성하게 하는 길이다.

이는 부부 사이에도 그대로 나타난다. 많은 부부 중 가정 내 상대방에 문제가 생겼을 경우 가정이나 상대방을 버리는 것은 남자가 많을까, 여자가 많을까? 병든 아내를 끝까지 간호하는 남편이 얼마나 될까? 우리가 당연시하는 것 중에 수많은 아내가 이미 아무짝에도 쓸모없는 병든 남편을 죽음에 이를 때까지 수발하는 것은 우리 주변에서 흔히 볼 수 있는 일이 아닐까 한다. 아내들에게 남아있는 것은 무엇일까? 의무감일까? 나는 그것보다는 젊은 시절 한때의 사랑에 대한 감동의 추억이 아닐까 생각한다.

남자는 조직의 목표를 위해 조직에 충성하지만, 여자는 감동함으로 리더에게 충성한다. 그러므로 조직의 목표를 잃거나 리더가 바뀌면 남자는 당연히 배신을 하지만,-본인들은 조직에 충성하는 것이라 생각한다.-여자는 그 감동의 여운이 남아 있는 한 리더를 배신하지 않는다. 리더에게 충성하는 여직원을 육성하는 방법은 그들을 감동시키는 것이다. 충성에 대한 대가는 그들을 진심으로 감동시키는 것이라는 것이다. 어떻게 그들을 감동시켜야 할까? 그것이 여성 조직 리더들이 반드시 고민해야 할 일인 것이다.

# 15 > > > > >    고정관념을 갖지 마라, 끝까지 신뢰하고 맡겨라

조직을 운영하다 보면 수시로 발생하는 많은 문제에 부딪힌다. 조직의 리더는 어떻게든 이러한 많은 문제를 해결해야만 한다. 때로는 문제의 원인을 금방 정확히 파악하여 정말 신의 한 수와 같은 묘수를 찾아내어 문제를 해결하기도 하지만, 오히려 잘못된 해결책을 선택하고 추진했다가 낭패를 보거나 일을 그르치는 경우도 많았다. 낭패를 보거나 일을 그르치지는 않았다 하더라도 아예 문제가 뭔지 모르거나 해결책을 모르는 경우도 허다하지만, '다른 해결책을 적용했더라면 좀 더 좋은 결과를 얻을 수 있었을 텐데' 하고 아쉬움을 갖게 되는 경우 또한 많았다. 따라서 해결책을 찾는 방법 중에는 리더가 혼자 스스로 결정해야 하는 경우도 많겠지만, 대부분 조직 전체의 문제는 조직 전체가 함께 문제의 원인을 발견하고 해결책을 찾기 위해 노력하는 것이 더 나은 경우도 많을 것이다.

하지만 리더가 부하 직원들에 대하여 심각한 고정관념을 가지고 있거나, 생각이 자유스럽지 못하고 딱딱히 굳어 있는 경우에는 조직의 구성원들로부터 해결책을 찾기 어렵다. 심지어는 리더들 중에는 '○○는 안 돼', '○○는 뭐가 문제야.' 식으로 자기 조직의 구성원인 부하 직원을 사전에 미리 평가해 놓고 일을 결정하거나 추진하는 경우가 상당히 많다. 보통 이런 경우를 속된 말로 '찍혔다.'라고 표현하기도 하지만, 리더가 평소 자기의 부하 직원을 찍어 버렸을 경우 그 직원이 하는 모든 일은 쓸데없는 일로 평가절하되어 버리곤 한다. 심지어는 다른 동료 직원과 똑같은 결과가 나와도 "이것밖에 못 해. 이런 정도는 누구나 다 하잖아."가 되고, 어쩌다가 실수라도 저지르는 경우에는 "그것 봐, 내가 ○○는 안 된다고 했잖아." 하고 본인의 판단이 옳았다는 식으로 더 의기양양해 하기도 한다. 리더가 가지고 있는 고정관념, 조직에는 어떤 영향을 미칠까? 조직을 관리하는 리더의 입장에서는 반드시 짚고 넘어가야 할 일들이다.

## 부하를 신뢰하고 맡기면 큰 업적을 이룬다.

그런데 조직의 경영자들에게 개인들만 찍히는 것이 아니라, 부서들과 같은 하위 조직도 찍힌다. 여러 CEO나 조직의 경영자를 보면, 자기의 스탭이나 핵심 부서, 다시 말하면 심복과 같은 직원들의 보고만 믿는 경우를 여러 번 경험하였다. 심지어는 회사 경영의 모든 문제를 심복, 즉 핵심 부서에게만 맡기고 다른 부서나 현장의 소리에는 귀를 아예 막아 버리는 경우도 여러 번 경험하였다.

과거 회사에서 최일선 고객 접점 부서의 부서장을 맡았던 적이 있었다. 그 회사의 CEO와 본사의 부서에서는 고객 접점의 모든 부서장에게 이렇게 얘기하였다.

"모든 고민은 본사에서 하니까, 현장은 고민하지 말고 본사에서 결정하는 대로만 해."

다른 말로 얘기하면, 본사의 결정에 대하여 현장 부서에서는 의견을 내거나 일언반구 반대하지 말고 따르기만 할 것이며, 어떠한 이유를 대거나 다른 의견은 인정 못 한다는 의미로도 해석되었다.

당시 본사에서 새로운 정책을 결정하고 공표할 때마다 현장에서는 여러 이유를 들어 반대의 의견을 내거나 아우성이었지만, 이의 제기뿐만 아니라 어떠한 의견 개진도 통과되지 못하였으며, CEO에게 반대 의견이 있음이 보고되었는지 몰라도 그러한 반대 의견들은 결국 무시되었다. 얼마 지나지 않아 전체 서비스 품질에 여러 가지 문제점들이 발생하였지만, 외부로부터 문제가 있다는 것이 보고될 때까지 아무도 모르게 되었다. 또한, 외부로부터 문제가 있다는 것이 보고된 후에도 그 원인이 어디에 있는지 현장의 의견 없이 본사 부서만 찾으려 하니 그 원인이 밝혀질 리가 없었다. 고객 접점에서 보고 느끼는 많은 문제가 현장을 잘 모르는 스탭 부서에 의해서 걸러지고 차단되어 CEO는 그러한 문제가 있는지조차 알 수 없을뿐더러, 심지어 허위 보고만 받는 형국이 되어 점점 더 정책은 이상한 방향으로 꼬여만 갔다.

콜센터 사업본부장을 처음 맡았던 시절, 콜센터를 설립하고 불과 몇 달 사이에 입사 1기와 2기 수십 명이 채용되었다. 그 당시 콜센터를 신규 사업부로 시작을 했으니, 관리자 중에 내부든 외부든 전문가들이 여러 명 필요한 시점이었지만, 관리자 한 명 외부 영입 없이 시작하면서, 그저 1기와 2기 입사자들 중에서 다른 회사 경력이 조금 있거나, 여러 가지 조건이 좀 더 괜찮아 보이던 직원 중에서 발탁하여 관리자로 선발하고, 조직 운영을 해 나가기에 이르렀다. 지금 생각해 보면 참 어이없는 일일 수도 있지만, 회사에서는 별도로 관리자를 외부에서 채용할 계획도 없었으니 몇십 명 신입 직원 동기들 중에서 반장, 부반장, 분단장을 뽑아서 그들을 팀장으로 품질관리자나, 교육강사를 맡기고, 처음 콜센터 운영을 시작하였다.

사실 나 또한 그 당시 직장 생활은 20년이나 하여, 영업지점장이나 기획부서장 등을 거치면서 여러 조직의 책임자로 근무하였었지만, 콜센터 업무에 대하여는 문외한이나 다름없었다. 불과 몇 개월 전까지 영업기획부서장을 맡았을 때 함께 일하던 부하 직원들은 대부분 남성들로서 명문대 출신이었으며, 회사 내에서도 유능하다고 평가받던 인재들이었던데 반해서, 지방에서 처음 시작한 콜센터에 입사한 직원들은 4년제 대졸은 채 40% 남짓했으며, 그것도 대부분 지방대 출신들로 다른 직장을 한두 군데 거쳤으며, 나이는 결혼적령기가 꽉 찬 여성들이었다. 대부분 직원이 조직의 제도나 규정을 정비하고, 구축하며 특히 업무를 기획하는 등과 같은 일들은 거의 해본 적이 없었다. 처음 제도를 만들고, 규정을 정비하며, 직원들에게 필요한 콜센터 관련 교육을 시키고 훈련하는데 아무런 경험도 없었던 나는 당황할 수밖에 없었다.

나는 우선 처음부터 가능한 타사를 많이 벤치마킹하고자 노력했다. 아마 초기 3~4년 동안 수십 군데 이상의 콜센터를 보고 듣고 배우러 다녔던 것 같다. 나뿐 아니라 관리자로 선발된 직원들에게 가능한 많은 외부 교육을 참석하도록 지원했다. 점차 콜센터의 규모가 확장되면서 수백 명이 될 때까지 관리자들은 매년 몇 번씩 외부 교육, 컨퍼런스, 세미나에 나누어 참석하도록 사업비를 집중했고 적극 독려했다.

또한, 모든 교육 제도 및 커리큘럼, 규정, 품질관리 지침, 평가 제도나 급여 및 성과급제도 등 모든 관련 규정이나 제도를 만들기 위해 관리자들에게 일을 분담시켜 과제를 부여하고, 연구시켰으며 매월 돌아가면서 발표토록 진행하였다. 내가 요구하고 바라던 것보다 직원들은 놀랍게도 그 실력들이 날마다 쑥쑥 성장해 가는 것이 보일 정도였다. 불과 몇 년 안 되어, 콜센터 품질인증 등을 통해서 콜센터 업계에서는 운영을 잘하는 콜센터로 소문나게 되었고, 연간 수십 건의 벤치마킹 요청이 들어 왔으며, 나도 그 덕택으로 외부 컨퍼런스나 세미나에 발표자로 수십 번을 초청받게 되었다. 그 당시 그러한 제도나 규정을 독창적으로 만들고 회사의 틀을 잡아가는 데는 K 팀장과 L 팀장의 공이 누구보다도 컸다. 특히 K 팀장은 나중 회사의 CEO가 '굴러들어온 보배'라고 표현했을 만큼 진흙 속에 숨은 진주로서 탁월한 실력을 발휘하였다.

내가 하늘에서 준 인복이 있어서였는지 몰라도, 나 혼자 그러한 제도나 규정을 만들려고 했다면, 그저 타사의 것을 베끼거나 많은 비용을 들여 외부의 도움을 받으려고 했겠지만, 우리가 이룬 것보다 더 좋은 모습을 갖추지는 못했을 것이다. 그저 나는 사업본부장으로 직원들과 같이 배우고, 그들에게 권한을 주고, 끝없이 함께 토론하며 신뢰하였을 뿐이다.

## 백지장도 맞들면 낫다.

속담에 "백지장도 맞들면 낫다."라고 했던가? 지금도 많은 CEO나 임원들이 부하 직원들의 의견이나 생각을 하찮은 것으로 무시하는 경향이 많다. 가끔 회사마다 사내 제안 제도를 운용하기도 하는데 직원들의 제안을 회사의 제안 제도를 통해 수집해 보면 별로 쓸만한 것을 발견하는 경우는 별로 없을 것이다. 왜 그럴까? 직원들이 업무 개선이나 제안을 할 만큼 실력이 없어서일까? 나는 아니라고 생각한다. 평소 회사에서 직원들의 의견을 들어주지 않고 무시해 왔는데, 갑자기 제안을 내란다고 누가 거기에 제안을 고민하고 분석해서 내겠으며, 제안을 하는 훈련조차 안 되어 있으니 어느 날 갑자기 사내 캠페인처럼 시상을 걸고 제안을 수집한다고 좋은 제안이 나올 리가 없는 것이다.

좋은 제안을 많이 발굴하려면 직원들을 끝없이 훈련시키고 조직의 리더는 평소 직원들로부터 의견을 들어 주는 연습을 많이 해야 한다. 특히 조직의 리더가 경영상 문제나 중요한 이슈들은 핵심 부서의 핵심 요원들이나 아니면 본인만이 해결할 수 있으며, 그 외의 많은 부하 직원은 그저 돌아가는 기계의 톱니바퀴나 부속품쯤으로 여기는 경우라면 부하 직원들로부터 어떠한 제안도 얻을 수 없을 것이다.

사람은 믿는 만큼 성장한다. 신뢰하는 만큼 큰일을 해낸다. 특히 여성 중심 조직의 숨어 있는 잠재적 능력을 끌어내는 것은 리더의 능력이다. 아니 능력이라기보다 오히려 그들을 신뢰하고 맡기는 태도이다.

# 꿈꾸게 하라
# 동기부여 하라

제4차 산업혁명 시대 성공적인 여성 조직 50가지 노하우

# 16 > > > > >   리더도 실수한다, 실수했을 경우 곧바로 사과하라

완벽한 사람은 없다. 사람은 살면서 누구나 실수를 한다. 조직의 경영자나 관리자도 당연히 많은 실수를 한다. 개인 생활에서도 실수를 하겠지만, 조직을 운영하는 책임자로서도 많은 실수를 한다. 잘못된 지시를 내리기도 하고, 부하 직원의 정확한 보고를 잘못 판단하고 인정하지 않는 경우도 많이 있다. 그러다 보면 업무적으로 잘못된 지시를 내리고, 그것이 잘못되었음을 인정하기 싫어 끝까지 우기다가 더 큰 낭패를 보는 경우도 허다하다. 심지어는 여성 조직의 경우 무심코 성희롱적 발언을 하거나, 의도하지 않은 신체 접촉을 하는 경우도 있고, 알고 있었던 직원의 개인적이고 비밀스러운 사생활을 무심코 다른 사람들 앞에서 화제에 올리어 그 직원을 당황하게 하거나 화나게 만드는 경우도 많이 있다.

남성들의 사회라면 실수를 하는 경우 그것이 실수로 인정되면, 정도에 따라서는 그냥 웃어넘기거나 술로 풀거나 나중에라도 화해할 수 있는 기회들이 다분히 있다고 할 수 있다. 물론 심각한 실수로 영원히 적을 만드는 일도 없는 것은 아니지만, 그래도 대부분의 실수의 경우는 만회할 수 있는 기회들을 가질 수 있을 것이다. 남자 직원들끼리는 심지어 주먹다짐을 하고도 나중 더욱 친한 친구가 되는 경우도 있다. 목표만을 향한 단순한 두뇌 구조를 가진 남자는 목표와 직접적인 연관이 없으면 서로 쉽게 풀어지기도 하는 것 같다. '아이들은 싸우면서 큰다'고 하였던가?

그러나 감성적인 여성 조직의 경우 특히 자존심에 상처를 입히거나, 실수로라도 공개적인 모욕을 당하였다면 그것이 원인이 되어 영원한 적이 되는 경우가 수도 없이 많다. 동시에 여러 가지 업무를 수행할 수 있는 특성을 가진 여성들은 목표와 관계없이 인간관계 형성에서 상처를 받으면 잘 잊어버리지 않을 뿐만 아니라 그 상처가 잘 치유되지도 않는다. 겉으로 표시하지 않으나 실제로는 리더의 적이 되어 조직에서 함께 근무한다면 그것만큼 조직에 불행한 일들은 없을 것이다. 특히 처음으로 여성 조직 운영을 경험하는 남성 경영자나 리더들의 경우 술자리에서 취중 실언이나 잘못된 행동을 하는 경우가 많은데 이 경우 두고두고 비난받기 십상이다.

**실수했으면 사과하라.**
**사과하지 않으면 직원들을 적으로 만든다.**

여러 해 전 K라는 젊은 임원이 발령을 받아 왔다. K는 한 번도 여성 조직에서 근무해 본 적이 없는 사람이었다. 늘 그렇듯이 신임 임원이 발령받아 오면 지역마다 관리자들을 불러 모아 술자리를 만들고 회식을 시켜준다고 법석이었다. 앞에서도 서술하였지만, 사실 술을 위주로 회식하는 것은 남성적 문화이다. 술이 몇 순배 돌고 1, 2차로 이어지다 보니 꽤 늦은 시간이 되었다. 처음 발령받은 임원이니 어떤 관리자도 먼저 자리를 털고 일어나기 어렵다고 생각하고 있던 순간, K는 술의 힘인지 취중인지 알 길 없으나, 심각한 성희롱적 발언을 하게 되었다. 사실 남자들끼리만 술자리를 갖다 보면 자주 할 수 있는 수준의 작은 표현이기도 하였겠지만, 순간 싸늘한 분위기를 느낄 수 있었다. 그때 지혜 있는 여성 과장 한 사람이 나서서 순간을 잘 모면하였지만, 그 순간의 말들은 잊히지 않고 회자하였고, 모두가 K와의 술자리를 애써 피하거나 K를 신뢰하지 않게 되었다. 그러나 K는 그 일이 취중이어서 잘못한 말인지를 몰랐는지, 아니면 그런 일이 잘못되었다는 것을 아예 인식조차 하지 못했는지 모르지만, 사과조차 하지 않고 흐지부지 넘어가게 되었다. 다행인 것은 K는 그 일이 있고 얼마 후 회사를 그만두고 떠나게 되면서 억지로 그 일은 수습되고 잊혀지기는 하였다.

지방에서 지점장으로 근무하던 시절, 어느 임원은 회의 시 자기 의견에 반대한다고 서류를 집어 던지는 경우를 보았다. 그 이후 아무도 회의 시간에 그 임원의 얘기에 이의를 달지 않았을 뿐 아니라 공식적인 자리가 아니면 임원과의 접촉을 피해 다녔다. 당연히 그러한 分위기를 가지고 있는 소식이 온전히 성장할 수 있었을지는 의문이다.

사실 여직원들과 근무하다 보면, 말로 또는 행동으로 자주 실수를 하기도 한다. 남자 직원들 같으면 '그것도 몰라.' 하고 면박을 수도 없이 주어도, 이미 군대에서 그것보다 더한 경험들을 수없이 겪었기 때문인지 별로 상처받지 않는 것으로 보이기도 하지만, 여직원들은 바로 상처를 받는 것이 눈에 띄었다. 특히 리더에게 가깝고 충성스럽다는 직원들이 더 큰 상처를 받았던 것으로 보인다. 리더들은 못 느끼는 경우가 많지만, 알게 모르게 어느 때부터인가 충성스럽던 직원들의 태도가 변하고, 이상하게 느껴지면 리더가 무언가 실수 한 것이라고 생각하면 거의 틀림없을 것이다.

나는 사실 리더로서 근무하면서 실수도 잘 하였지만, 그에 대한 사과도 잘하는 편이었다. 예전 군에서 소대장 시절에는 억지를 부리기도 하고, 일부러 강한 척하기도 하고, 부하들 앞에서 소리를 치기도 하면서 지냈었지만, 오랜 기간 여성들과 함께 근무하면서 작은 실수라도 일어나면 바로 사과를 하게 되었다. 회의 때도 내 주장을 강하게 주장하기보다는 충분히 직원들의 의견을 들어 주었고, 나의 지시가 틀렸다면 바로 사과하고 정정하였다. 나는 언제나 직원들에게 '나를 설득해라. 나를 설득하지 못하면 내 말을 따라라.' 하는 주의였으니 그들의 의견을 끝까지 듣고 토의하기를 좋아하였다. 일을 진행하기 위해서는 가능한 직원들을 충분히 설득하고 일을 지시하였었다.

## 진심으로 사과하는 리더가 더 존경받는다.

사람들은 누구나 실수를 한다. 더구나 남성으로서 여성 조직의 책임자로 근무하다 보면 공식적으로나 비공식적으로나 많은 실수를 한다. 내 경우에도 돌이켜보면 지시를 잘 못 하기도 하고, 의견을 무시하기도 하고, 농담을 잘하지 못하여 성희롱 발언이 되기도 하고, 자랑삼아 직원들의 아픈 비밀을 들추어내기도 하였었다. 심지어는 무의식적으로 신체적 접촉을 하거나 하여 상대방을 무안하게 만들기도 하였다. 그러나 운 좋게도 그러한 일로 단 한 번도 불평불만을 받거나 이의제기를 받거나 외부를 통하여 압력을 받아 본 적이 없었다. 왜냐하면, 나는 언제나 내가 실수했을 경우 내가 알아차리자마자 그 자리에서 곧바로 사과하였기 때문이다. 큰 실수든 작은 실수든 확실하게 사과하였다. 대충 얼버무린 적이 한 번도 없다. 공개적인 사과가 필요하면 공개적으로 하였고, 비공개적인 사과가 필요한 경우 비공개적으로 사과하였다.

누구나 실수하지만 결과가 다른 것은 그 이후 어떻게 대처하느냐가 중요하다. 어떠한 실수이든 즉시 사과하라. 곧바로 사과하라. 확실하게 사과하라. 대충 얼버무리지 말고 사과하라. 나중 말로 갚아야만 할 일을 한 되의 사과로도 충분히 감당해 나갈 수 있을 것이다.

가정에서 아내들도 강압적이고 억지 부리는 남편보다 작은 일에도 사과를 잘하는 남편에게 더욱 진한 사랑의 감정을 느끼는 것처럼, 조직에서도 진심 어린 사과를 한다고 자존심 상해할 필요는 없을 것이다. 왜냐하면, 진심 어린 사과를 하는 리더가 더욱 신뢰받고 존경받을 수 있는 것은 분명하기 때문이다.

# 17 > > > > > 비전을 제시하라

좋은 성과를 만들어 내는데 동기부여는 가장 중요한 요소이다. 어느 연구에 의하면 성과는 동기부여에 능력을 곱한 값이라고 하기도 한다. 그 말은 동기부여가 되었더라도 능력이 없으면 성과를 낼 수 없다는 의미와 같다. 가령 100m 달리기에서 1등을 하고자 하는 욕심동기부여이 있는데 달릴 수 있는 능력이 없다면 1등 할 수 없다는 말이다. 바꿔 말하면 능력이 있어도 전혀 동기부여 되지 않으면 아무 성과도 낼 수 없다는 말이기도 하다. 즉 100m 달리기에서 1등 할 수 있는 능력은 있으나, 달리고자 하지 않는다면 성과를 낼 수 없다는 것이다. 그러나 다시 말하면 조금만 능력이 있다면 능력이 조금 부족하다고 해도 잘 동기부여 된다면 더 높은 성과를 달성할 수 있다는 의미로도 해석된다.

그렇다면 직원들의 동기부여를 일으키기 위해서는 어떠한 것이 필요할까? 동기부여를 일으키는 가장 중요한 요소 중 하나는 그들에게 비전을 제시하는 것이다. 비전이라고 하면 매우 거창하게 느껴질 수도 있지만, 단순히 말하면 앞으로 개선될 가능한 미래를 꿈꾸게 하는 것이다. 가령 매슬로우Maslow의 5단계 이론으로 본다면 자아실현 욕구만이 비전이 아니라 각 단계가 다 비전이 될 수 있다는 것이다. 배고픈 사람에게는 생리적 욕구가, 불안을 느끼는 사람에게는 안전의 욕구가, 고독한 사람에게는 소속의 욕구가, 높은 이상을 달리는 사람에게는 존경의 욕구, 자아실현의 욕구를 채울 수 있는 것이 다 비전이 될 것이다.

배고픈 사람에게 존경의 욕구를 비전으로 제시하는 것, 이것은 비전이 아니다. 비전이라는 것은 그 사람의 수준이나 환경에 맞는 미래의 꿈이다. 그러나 비전이란 회사의 비전만이 중요한 것이 아니라 회사나 조직이 발전하고 잘되는 것이 개인의 삶과 어떻게 연결되는지가 더욱 중요한 비전일 것이다. 회사나 조직은 발전하고 성장하는데 그것이 개인의 비전과 연결되지 않고 단지 개인의 희생만을 강요한다면 개개인을 동기부여 시키는 비전이 아니라 개개인을 이탈시키는 원인이 될 것이다.

## 비전은 개인의 상황에 맞게 제시해야 한다.

내가 근무하던 콜센터 조직은 연령층이 매우 다양한 여성들로 구성되어 있었다. 20대나 30대에 입사해서 여러 해를 넘기고 근무를 하였지만, 관리자 자리는 한정되어 있고, 윗사람이 그만두지 않으면 올라갈 곳도 없다. 경영자나 일부 고위 임원들은 팀장으로 승진하는 것이 개인의 비전처럼 이야기하는데, 실은 팀장 승진도 어렵지만, 겨우 팀장으로 승진하였다고 하여도 그다음 단계인 센터장이나 다른 위치로 진급하기에는 거의 불가능에 가깝다고 볼 수 있으니 이건 비전이라고 할 수 없었다. 그러니 능력 있는 직원들은 나이가 젊으면 늘 이직을 준비하거나 하였고, 나이가 든 경우는 갈 데가 많지 않아 이직하지는 못하지만 늘 미래에 대한 불안과 불만을 함께 가지고 있는 경우가 많았다.

나는 대체로 나이 든 40대 이상 여직원들에게는 늘 이렇게 이야기했다. "열심히 해라. 나보다 오래 다닐 수 있을 것이다." 나이 든 직원들은 그 말만으로도 동기부여가 되고 열심히 일하는 모습을 보였다. 사실 많은 회사가 1~2년 근무시키다 나이 들면 생산성이 떨어진다고 재계약을 포기하는 일이 많았는데 오래 다닐 수 있다는 것만으로도 그들에게는 힘이 되고 동기부여가 되었던 것으로 생각된다. 나이 든 직원들은 입사 10년을 넘기면서 어렵고 힘든 고객이나 심각한 불만 고객 등을 누구보다도 아주 잘 응대하였으니 회사로 보면 능력 있는 직원들을 보유하고 있는 것이고, 개인으로 보면 정년 때까지 큰 문제 없이 무난히 다닐 수 있으니 좋은 일이었다고 생각된다. 나는 벌써 여러 해 전 정년퇴직을 했지만, 아직도 많은 40대 후반부터 50대 초중반 직원들이 열심히 일하는 것을 보면 내 말이 맞기는 맞았던 것 같다.

### 매일매일 꿈꾸게 하라.

고학력자일수록 그에게 맞는 비전을 제시해 주어야 한다. 비전이라 함은 우선 회사의 성장 비전이 개인의 비전과 연결될 수 있다면 더욱 좋겠지만 그렇지 않더라도 상관은 없다. 현재의 일을 열심히 함으로써 미래에는 작가로, 강사로 컨설턴트로 또는 사업가로 성장할 수 있다면 그것이 중요한 비전이다. 아직도 많은 CEO들이 직원들이 성장하는 것을 두려워한다. 심지어 어떤 CEO는 직원이 너무 크게 성장하면 거기에 걸맞은 대우를 해줄 수 없어 타사의 스카웃 대상이 될 것이라며 직원들을 교육시키지 않고, 심지어 개인의 성장을 막는 이유라고 하는 것을 들은 적이 있다.

직원들이 성장해서 회사를 떠나면 그 회사는 정말 손해일까? 나는 그렇게 생각하지 않는다. 직원들이 현재 위치에서 열심히 하는 것이 미래에 성장의 밑거름이 된다면 회사로서는 분명한 이익이다. 그 직원이 성장한 후에 좋은 자리로 더 높은 자리로 이직을 하였다고 하더라도 회사는 능력 있는 직원이 떠나 손해라고 생각할 필요는 없다. 그 직원이 떠나기 전 이룩한 업적뿐 아니라 떠나간 직원의 후배 직원들이 그 직원의 성장한 모습을 보고 더욱 열심히 일하게 될 것이기 때문이다.

성장한 직원을 수용할 능력이 없는 회사라면 그 직원을 떠나 보내는 것이 옳다. 떠나간 직원은 그저 회사를 떠난 것이 아니라 외부에서도 회사를 위한 든든한 지원군이 될 것이고 남아 있는 직원들에게 비전을 제시해 주는 큰 동기부여를 할 수 있으니 회사의 발전에 오히려 도움이 되지 않을까 생각한다.

직원들에게 비전을 심어 주어라. 날마다 꿈꾸게 하라. 꿈이 이루어질 수 있다고 굳게 믿게 하라. 꿈과 비전을 연결하라. 아무것도 안 하고 꿈만 꾸는 것은 개꿈이요, 꿈을 이루기 위해 노력한다면 그 꿈이 바로 비전인 것이다. 따라서 올바로 꿈꾸게 하는 것이 비전을 제시하는 것이고 비전을 제시하는 것이 가장 큰 동기부여가 될 것이며, 그것이 분명 회사의 성과를 크게 높이는 결과로 이어질 것이다.

# 18 > > > > >                          감동을 주어라

리더로서 조직의 구성원들과의 만남에서 조직의 구성원들이 리더나 조직에게 충성을 할 수 있게 만드는 비결은 무엇일까? 특히 여성 중심 조직을 관리하는 관리자로서 어떻게 하여야 그들로 하여금 일에 대하여 또는 리더에 대하여 충성심을 이끌어낼 수 있을까?

최근 산업사회의 발전과 다양한 니즈에 따라 새로운 형태의 조직으로 등장한 여성 중심 조직은 조직의 특성상 경력 사원과 신입 사원이 동시에 입사하거나, 동일한 시기의 입사자끼리도 다양한 연령층이 존재하는 경우가 많다. 특히 일반 기업과 달리 직급이 연공서열 순이 아니라, 경력이나 능력에 따라 정해지는 경우가 많아 연령이나 입사 순서가 무의미한 경우가 많다. 어디에서나 젊은 관리자가 나이 많은 여성 부하 직원들을 통하여 성과를 내어야 하는 경우가 혼치 않게 발견되곤 하는 것이다. 그런데 여성들의 경우 단지 직급 순으로 서열이 형성되는 것이 아니라 직원 간 관계에 있어서 연령이 직급보다 우선하는 경우가 많은 것이 조직 관리에 걸림돌이 되고 있다. 즉 부하 직원들이 상급자인 관리자에게 반말을 쓰고 관리자는 하급자인 부하 직원들에게 존대를 하는 일이 자주 벌어지게 된다. 이런 경우 관리자들은 자기보다 나이 많은 직원들을 어떻게 다루어야 할까?

## 리더가 주는 작은 감동은 직원을 충성스럽게 만든다.

어느 여성 벤처 사업가로 유명하신 분이 처음 여성 조직인 콜센터에서 사원으로 근무하던 때의 경험담을 들은 적이 있다.

"아이들이 어릴 때 아이를 봐주시는 시어머니가 편찮으신 적이 있었어요. 온종일 조퇴도 할 수 없고, 일도 손에 잡히지 않았지만, 마음을 졸이며 근무한 후 퇴근 시간이 되어 서둘러 퇴근하려고 하였는데, 퇴근 때 팀장님께서 과일바구니를 주시며, '편찮으신 시어머니 깎아 드리세요.' 하시는 데 얼마나 눈물이 나던지요. 그 후로 그 팀장님이 지시하던 일은 무엇이든지 성심을 다해 열심히 했던 기억이 납니다."

바로 이런 것이 참된 리더십이라고 생각한다. 여성 조직의 구성원들을 충성스럽게 만드는 것은 바로 그들에게 감동을 주는 리더십이다. 관리자의 지시를 순응하지 않으려 하거나, 관리자가 연령이 어리다고 깔보거나, 함부로 대하는 언니나 이모 같은 직원들에게도 감동을 주는 것이다. 리더는 백 번이고 천 번이고 반복해서 감동을 주는 것이다. 감동을 주는 것이 직원들을 동기부여 하는 것이고 충성스럽게 하는 것이다.

수백 명의 여직원들로만 구성된 콜센터에서는 겨울에 날씨가 추워지고, 눈이 오면 고객의 전화량이 대여섯 배에서 심한 경우는 열 배 이상 폭주하였다. 즉 업무량이 열 배 이상 늘어난다는 의미이다. 직원들은 온종일 잠시 숨 돌릴 틈도 없이 바쁘게 고객 전화에 응대하여야 했다. 내가 할 수 있는 것이라곤 전화를 대신 받아 주는 것보다 목 아픈 그들을 위해 귤이라도 사서 몇 개씩이라도 나누어 주는 것 뿐이라 귤을 몇십 상자 구매해서 관리과장과 함께 카트를 직접 밀고 다니며, 귤 몇 개씩을 직접 그들 앞에 나누어 주었다. 잠시 눈이 마주치면 그들의 표정을 보고 미안한 마음을 표하거나 짧은 말로 격려하면서……

그런데 귤을 그냥 스탭 직원이나 관리자들을 시켜서 나누어 주는 것보다는 본부장인 내가 직접 손에 들고 나누어 주며 노고를 치하하는 것이 나중 직원들로부터 고맙다는 말을 훨씬 더 많이 들었다. 그 후에도 여러 번 폭설이나 태풍 때문에 여러 차례 휴일이나 명절에도 불구하고 비상소집을 하였지만, 언제나 그들과 함께했다. 경우에 따라서는 불만 고객을 직접 응대하기도 하고, 필요에 따라 간식을 나누어 주거나 배달하기도 하면서 아무런 할 일이 없어도, 비상이 종료되어 모두가 퇴근하게 될 때까지 자리를 떠나지 않고 늘 함께했다. 경험적으로 보면 직원들이 바쁘다고 야근이나 특근을 한다고 같이 마음 아파하고 그들과 함께하는 경영사나 관리자의 모습을 보는 직원들은 오히려 감동하게 되고 고맙게 생각하게 되는 것 같다.

여러 여성 중심 조직을 벤치마킹하거나 강의를 위해 방문하여 만나는 많은 관리자의 리더십 유형은 기이하게도 전제군주형 또는 과업 지향형의 리더십 스타일이 의외로 많다는 것을 자주 경험하였다. 왜 그럴까? 여성 중심 조직의 경우 직급으로 인한 명령 지휘 계통이 잘 안 서고, 오히려 관리자가 연령별로 서열이 더 낮은 상태가 되어 부하 직원들에게 지시하며 일을 수행하는 것이 어려움으로 인하여, 점차 부하 직원들과의 인간관계 형성을 포기하고 성과를 내기 위해 과업 지향형으로 갈 수밖에 없는 것은 아닐까? 그러나 리더가 가지는 리더십은 천부적으로 타고난 것이 아니라 반드시 육성되는 것이다. 오늘날 조직 내에서 그러한 육성 체계가 갖추어져 있지 않아서 관리자로 임명되어도 경험이나 나이가 더 많은 직원들을 관리할 방법을 알지 못하니, 자꾸 강한 전제군주형 또는 과업 지향형 리더만 양산하게 되는 것은 아닌지 생각해 봐야 할 것이다.

## 감동을 주는 관계 지향형 리더가 더욱 성과가 좋다.

직원들에게 감동을 주는 방법은 그렇게 어렵지만은 않은 것이다. 그들이 힘들고 어려울 때를 이해하고 그들의 마음을 조금만 더 알아주는 것이다. 아이나 가족이 아플 때 먼저 마음을 써주거나, 슬프고 힘든 일이 있을 때 그들의 힘듦을 이해해 주고 배려해 주는 것이다. 성과가 먼저라고 그들의 힘들고 어려운 일을 모르는 체하고 일로 밀어붙이기만 한다면 존경받는 리더가 될 수 없을 것이다. 직급에 의한 권력으로 조직을 움직이는 것이 아니라 스스로 조직의 구성원들이 움직일 수 있게 만드는 힘이 바로 리더십이다. 스스로 그들을 움직일 수 있게 만드는 요소가 바로 그들을 감동시키는 것이다.

피들러Fiedler는 과업의 상황이 아주 좋거나 아주 나쁜 경우가 아니라면 과업 지향형 리더보다는 관계 지향형 리더가 더 좋은 성과를 낸다고 하였다. 즉 상황이 급박하거나 특별한 경우가 아닌 평상시의 조직에서는 직원들을 과업 지향으로 강하게 지시하여 끌고 가는 것보다는 그들에게 감동을 주어 좋은 인간관계가 형성되는 것이 더 좋은 성과를 낼 수 있다는 것이다.

# 19 > > > > >  정직이 최상의 정책이다

사람은 누구나 실수를 한다. 100% 완벽한 사람은 지구상에 없을 것이다. 그러나 그 실수를 관리하는 리더의 처신은 조직 전체 분위기에 영향을 끼친다. 작은 실수도 절대 용납하지 않는 리더인 경우 직원들은 나중 처벌이 두려워 실수를 감추게 된다. 그렇다고 직원들의 실수를 그저 눈감아 주는 리더는 어떨까? 조직 내에서도 직원들의 작은 잘못을 자꾸 눈감아 주면 점점 더 큰 문제로 대두되는 것은 분명하다.

조직을 운영하는 책임자인 리더는 직원들이 잘못을 저지르는 경우 어느 선까지 양보할 것인가? 어느 선에서 책임지게 할 것인가? 그러면 그 기준은 무엇인가를 고민하여야 한다.

## 직원들이 실수하는 경우
## 스스로 그 실수를 오픈할 수 있게 해야 한다.

콜센터 본부장 시절, 직원들은 누구나 업무 결과에 대한 평가를 받았다. 업무 결과에 대한 평가는 두 가지로 통상 나누어 평가를 하였다. 하나는 업무량에 대한 평가이고 하나는 업무 품질에 대한 평가이다. 업무 품질에 대한 평가는 고객과의 통화상 업무 처리에 대하여 회사의 규정대로 잘했는지 못했는지 친절하였는지 부족한 점은 없었는지를 평가하는 것이고, 업무량에 대한 평가는 고객을 얼마나 많이 응대하였느냐 하는 것이었다. 즉 고객 전화를 1일 평균, 또는 한 달 동안 몇 건이나 받아서 처리하였느냐 하는 것이었다.

그중 업무량 평가는 근무 시간 중 직원들의 근태나 또는 자리를 이석하는 시간 등에 따라 성과가 달라질 수도 있었다. 또한, 평가 결과를 직원 간 상호 비교에 의해서 상대평가를 했으니, 모두들 남들보다 좋은 평가를 받으려고 열심히 노력하곤 하였다. 그중 A는 입사한 지 얼마 안 되었으나 입사 후 몇 개월이 지나자 갑자기 업무량이 대폭 개선이 되었다. 매우 고무적인 일이어서 칭찬해 주어야 할 것으로 생각하게 되었다.

그런데 뜻밖에도 A의 고객 통화를 분석하는 중 이상한 점이 발견되었다. A는 본인의 업무량 평가를 좋게 받으려고 고객 통화를 고의로 늘렸던 것이다. 콜센터의 시스템은 모든 직원에게 골고루 전화가 자동적으로 배분되는 시스템을 갖추고 있어서 동일 근무 시간이라면 혼자서만 전화를 많이 받는다는 것은 불가능한데, A는 친구나 친지들에게 본인의 직통 전화번호를 알려주고 외부에서 수시로 전화를 히게 했던 것이나. 고객의 전화가 많은 시간에는 자동적으로 배분된 전화를 받고, 고객의 전화가 별로 없는 시간에는 직통전화로 친지나 친구들이 전화를 걸어 주니 다른 직원들에겐 전화가 없는데 본인에게만 전화가 연결되도록 하여 업무량을 고의로 늘인 것이었다. 어찌 보면 별일 아닐 수도 있지만, 전직원의 평가 체제를 무너뜨리는 일이고, 다른 직원들에게 미치는 영향도 매우 큰 건이었다. 따라서 실체를 확인하고 A와의 면담을 통해 조용히 중징계로 처리하고자 하였다. A는 문제가 된 것을 알고 퇴사를 요청했다. 거짓으로 자기의 실적을 늘리면 상대적으로 다른 직원들 모두가 피해를 보게 되며, 전체 평가 시스템을 신뢰할 수 없게 되어 버리는 것이다.

또한, 많은 고객 접점 업무의 경우 대부분 사전 결재 시스템을 운용하는 경우는 거의 없다. 예를 들어 매장에서 물건을 팔면서 위 관리자에게 매 건 "팔까요? 말까요?"를 보고하거나 결재받는 일 없이 일정한 권한하에서 고객접점 직원이 자율적으로 고객에 대한 일을 처리하는 것이다. 그러나 결재받거나 보고하지 않는다고 하여, 어떤 때는 직원들이 고객에 대한 상품을 제대로 전달하지 않았거나, 설명을 빠뜨렸거나 업무를 잘못 처리했는데도 불구하고 그것이 문제가 되어 불거질 때까지 보고하지 않는다면 회사나 조직은 문제가 터질 때까지 아무런 대비도 하지 못할 것이다.

그러한 문제 때문에 나는 콜센터 사업을 책임지면서 항상 직원들에게 정직을 강조하였다.

"사람은 누구나 실수할 수 있다. 조그만 실수는 언제나 특별한 경우가 아니라면 용서한다. 특히 잘못을 저지르고 그것을 스스로 오픈하고, 보고한 경우는 언제나 가능한 용서한다."

물론 경중에 따라서는 징계도 불가피했지만, 그래도 대부분 사안마다 경징계로 처리하고자 하였다. 그러나 직원이 실수를 하고 감추는 경우는 나중 조직에서조차 책임지기 어려울 정도로 일이 커짐으로 이는 철저히 금기시하고자 하였었다.

## 정직이 최상의 정책이다.

콜센터뿐 아니라 많은 기업이 직원들에게 회사를 대표하는 업무를 맡긴다. 물건을 팔고 돈을 받거나, 물건을 고객에게 보낼 때마다, 거래 금액을 입금하거나 전표를 끊을 때마다 직원들이 잘못 처리할 수도 있는데 잘못된 일들이 감추어지거나 스스로 덮어버리거나 보고되지 않는다면 나중에는 그 문제로 인하여, 조직에게 큰 해로 돌아올 수도 있는 것이다. 직원들이 정직하지 않다면, 문제가 불거지고 나중 책임지게 할 수도 있지만, 문제가 커지기 전에 먼저 직원들이 잘못을 스스로 오픈하고 조속히 잘못된 일을 바로 잡을 수 있도록 조직의 분위기를 만들어 가는 것이 리더의 역할이고 조직의 해를 줄이는 지름길이다.

조직의 운영 정책의 기본은 정직이다. 다시 말하면 정직이 최상의 정책이다. 작은 일이라도 잘못된 것을 내버려 둔다면, 그 일로 인해 점점 더 큰 일이 벌어질 수 도 있다. 또한, 작은 잘못을 '작으니까' 못 본체 자꾸 내버려 두기만 한다면 직원들조차 큰 잘못도 잘못으로 여기지 않게 된다.

모두가 정직하지 않다면 조직은 안전할 수 없다. 정직하지 않다면 권한 이양도 할 수 없다. 정직하지 않다면 조직의 CEO는 아무도 믿을 수 없게 된다. 또한, 기업이 정직하지 않다면 고객도 그 기업을 신뢰할 수 없게 되고 결국 떠나갈 수밖에 없는 것이다.

# 20 > > > > >

# 가정의 문제를
# 이해하고 배려하라


가정은 누구에게나 소중하다. 우리가 열심히 일하는 가장 큰 이유도 행복한 가정을 꾸리기 위해서일 것이다. 예전에는 사회적으로 가장의 책임감을 강조하며 남성들이 일과 가정 모두를 책임지는 것을 당연히 여겼다. 그러나 최근에 들어서면서, 가장의 책임감은 남성에서 남녀 공동의 것으로 이관되어 가고 있다.

내가 처음 사회생활을 시작할 때만 해도 여성들의 사회 진출은 '자아실현'이 가장 큰 목표였다. 그러나 지금은 여성들이 자기의 발전이나 성공보다는 가족의 행복, 가정의 미래를 위해 일한다고 답하는 경우가 늘어나고 있다. 사내 인터뷰를 진행해 보니 기혼 여성인 경우, 작게는 아이 학원비 마련부터 남편 사업 뒷바라지까지 가정 내 경제적인 부담을 분담하기 위해 일한다는 비율이 현저히 높았다. 그런데 문제는 가정 안에서 남녀 책임은 분담되었지만 역할은 아직 분담되는 과정에 있다는 것이다. 실제로 아직까지 육아와 가사의 큰 부분이 여성의 몫이고, 남성들은 '돕는' 수준에 그치고 있는 것이다. 인식이 많이 변하고 있다고 하지만 직장 생활을 하면서도 집안일로부터 완전히 자유로울 수 없는 것이 지금 우리나라 여성 직장인의 큰 부담인 셈이다.

나는 이런 여성들에게 회사 차원에서 해줄 수 있는 것이 무엇일까를 늘 고민했었다.

## 가정 내 문제를 이해하라. 그리고 조금만 더 배려하라.

콜센터 사업본부장 시절, 봄이면 아이들이 유치원이나 학교에 입학하는데 맡길 만한 데가 없다고, 또는 아이들이 다쳐서 아프다고 병원에 입원했다고 사직서를 내는 직원들이 가끔 발생하였다. 며칠 정도의 휴가라면 연월차로 해결할 수도 있었겠지만, 한두 달 걸리는 문제들은 본인들도 참 표현하기 어려워했다. 개인적으로는 수년 간 일한 직장에서 떠나면 다시 입사하기도 힘들 뿐더러 타 직장에 가면 경력 인정도 받지 못하고 새로 시작해야 하는데도 불구하고 사직서를 쓰는 직원들의 심정은 어떠했을까? 또한, 회사의 입장에서는 수년간 일한 직원이 한 명이 나가면 그 자리를 위해 신입 사원을 채용해서 교육하고 그 업무가 안정되기까지는 최소 수개월이 걸리는 데에 대한 비용 부담뿐 아니라 서비스 누수나 고객 응대 품질의 하락으로 인한 고객 이탈 현상 등 눈에 보이지 않는 어려움들이 발생하는 것이다. 필자는 이러한 일들이 반복되는 것에 대하여 고민을 하다가, 과거 M 지점에서의 일이 생각나서 장기 무급 휴가 제도라는 것을 만들어 적용시켜 보기로 하였다.

회사 내에서 일을 하다가 가정 내 문제가 생기면 장기 휴가를 쓸수 있도록 하는 것이다. 1년 이상 근무한 여직원 중 가정 내 문제 발생 시 먼저 본인의 연차 휴가를 한꺼번에 소진하도록 하고, 연차휴가만으로 부족한 경우에는 통상 1~2개월 이내의 장기 휴가를 주도록 하였다. 1년 이상 직원으로 제한한 이유는 1년 미만 직원의 경우는 법적으로 연차휴가 자체도 없을뿐더러 업무의 숙련도도 높지 않아서 장기 휴가만 사용하고 난 후 사직해 버리는 경우가 발생할 것으로 판단했기 때문이다. 1년 미만 직원의 경우는 본인 의사가 있으면 일단 퇴사 처리 후 차기 채용 시 정도에 따라 재채용할 수 있도록 배려하였다.

장기 휴가는 업무상 사유가 아니며, 또한 본인 자신의 질병이나 상해의 사유도 아니고 가족이나 자녀의 문제가 대부분이므로 무급 휴가로 처리하도록 본인들의 동의를 받고 진행하였다. 사실 취업 규칙이나 사규에도 명시되지 않은 내용이지만 – 명시되지 않았다 함은 그렇게 해선 안 된다는 것도 아니므로 – 가정 내 중요한 문제가 발생한 경우는 그 사유를 심사해서 장기 무급 휴직을 진행시켰다. 사실 본사 인사 담당 부서에서는 일을 하지 않는데도 퇴직금은 추가됨으로 불가 입장을 밝혔지만, 사장에게 보고하고 담당 임원을 설득한 후 진행하였다. 사실 숙련된 직원이 이직을 하는 경우 그 직원의 업무 공백을 메꾸는 데에는 퇴직금 차액으로 인한 손실액의 수 배 이상의 비용이 더 들어가는 것이 분명한데도 불구하고 대부분은 당장 눈앞에 보이는 것만 손실로 보는 경향이 많았다.

그 자리를 물러날 때까지 수년간 이러한 제도를 지속하였지만 초급 관리자 이상은 단 한 명도 이러한 장기 무급 휴가를 사용하지 아니하였다. 오히려 관리자들이 자기 팀 소속의 상담사 중 가정 내 문제가 발생한 경우 면담을 통해 장기 무급 휴가를 주도록 요청하였다. 여성 직원들의 문제는 자녀의 사고나 질병으로 인한 문제나 가족 또는 부모님들의 병원 입원 등 요양 보호를 위한 시간이 필요한 경우가 대부분이었다. 누구 하나 이러한 제도를 악용하는 일도 발생하지 않았으며, 장기 무급 휴가도 전체 500명 직원 중에서 불과 매년 두세 건 정도 발생하였을 뿐이었다. 즉 불가피한 경우가 아니면 직원들이 이 제도를 사용하지 않았던 것이다.

그러나 그러한 장기 무급 휴가를 사용한 직원들은 그 이후 더욱 열심히 회사 생활을 하고 업무도 더욱 충실히 하였음은 물론이다. 그뿐만 아니라 사용하지 않은 직원들까지도 외부로 자랑하는 일이 많아져 채용이 어려운 콜센터 채용 시장에서도 채용 자원이 늘 넘치는데 많은 영향을 미쳤던 것으로 추측된다.

### 가정의 문제에 배려하라. 큰 우군을 얻을 것이다.

회사 입장에서 보면 어느 회사나 숙련된 직원 한 사람이라도 이직을 하게 되면 그 사람의 자리를 메꾸는 데는 큰 비용과 시간이 들어간다. 그렇지 않다면 그 회사의 일은 아무나 할 수 있는 일이라는 것인데 아무리 단순한 일을 해도 신입 사원과 숙련 직원의 생산성이나 품질의 차이가 없는 기업은 아마 없을 것이다.

가정에 문제가 생겼을 때, 대부분은 회사 일에도 많은 영향을 받는다. 육아와 가정에 더 많은 책임과 의무를 느끼고 있는 지금 대한민국 여성의 경우 더욱 그렇다. 그래서 회사 차원에서의 배려가 필요하다. 궁극적으로는 이런 성차별적인 배려가 필요 없는 사회가 되는 것이 가장 좋겠지만, 20여 년간 여성 조직의 리더로 일하면서 당장 바뀌기는 요원하다는 것이 나의 결론이다. 그러므로 여성이 성장하고 함께 일하는 조직을 만들기 위해서는 회사 차원에서 작은 배려가 필수일 것이다.

가능하다면 제도적으로 해당 직원이 그 문제를 해결하도록 시간과 기회를 제공하라. 여건이 되지 않는다면 그저 말이라도 섭섭하고 안 된 마음, 걱정하는 마음을 표시하자. 억지로 배려하는 척하거나, 바쁜 일을 핑계로 아예 모른 척한다면 그 직원은 조직을 이탈할 수밖에 없을 것이다. 기억하라, 제도보다 중요한 것은 직원 한 사람 한 사람을 아끼는 진심임을. 조직 관리자의 진심은 배려를 받은 직원뿐 아니라 그 조직의 모든 이들에게 희망이 되고, 기쁨이 되고, 조직에 대한 충성으로 돌아올 것이다.

**21** > > > > > 　　　　관리자 후보군을
상시 육성하라

　조직을 효율적으로 움직이는 가장 중요한 힘은 어디에서 나올까? 조직을 효율적으로 움직이는 가장 중요한 힘은 좋은 리더에서 나온다. 즉 조직의 최고 책임자뿐만 아니라 초급, 중급 관리자들이 조직을 효율적으로 움직이게 하는 데 가장 중요한 역할을 한다고 생각한다. 그렇다면 대기업의 거대한 조직은 말할 것도 없지만, 중소기업의 작은 조직도 리더를 선발하고 육성하는 일은 조직을 성공적으로 운영하는 데에 무엇보다도 중요한 일이라고 생각하는 것은 당연하다. 따라서 관리자 선발의 실패는 곧 조직 운영의 실패로 이어진다. 많은 조직이 리더, 즉 관리자 선발에 실패하는 이유는 무엇일까? 관리자 선발에 실패하는 가장 큰 이유는 관리자 선발이나 육성에 관한 선발 도구나 평가 시스템이 미비하거나 제대로 갖추어져 있지 않기 때문이다.

　그러나 선발 도구나 평가 시스템, 또는 교육 체계 등이 가장 잘 갖추어져 있다는 대기업들도 자주 관리자 선발에서 실패를 겪기도 한다. 예를 들면 많은 조직에서 영업을 가장 잘한 사원을 영업 조직의 관리자로 선발하는 경우가 많은데, 혼자서 하는 영업은 아주 탁월했던 사원들도 조직의 리더가 되면 다른 사람들을 통제하고 독려할 수 있는 리더십 능력 부족으로 많은 실패를 하는 것을 나는 수도 없이 경험하였다.

## 좋은 관리자 선발은 사전에 미리 준비하라.

리더십 능력은 천부적으로 주어지지 않는다. 물론 다른 사람들보다 조금 더 뛰어난 리더십 능력을 보유한 사람들도 그저 리더십 능력이 타고났다고 보기보다는 사전에 리더십 능력을 교육받았거나 혹은 리더로서의 경험을 하였거나 하는 경우가 대부분일 것이다. 즉 다시 말하면, 리더는 선발되고 육성되어야 한다는 것이다. 더구나 여성 중심 조직의 리더 선발은 매우 어렵다. 일반적인 기업에서는 매년 일정한 신입 사원들이 거의 연령순으로 입사해서 평가에 의해, 거의 연공서열순으로 리더가 되는 그러한 형태를 갖고 있다. 하지만 최근에 새로이 등장하는 많은 여성 조직의 경우는 여러 경력 사원과 신입 사원 또는 경력 단절 후 재취업 사원 등 다양한 연령층과 다양한 경험들을 가진 사람들이 거의 동시에 구성되어 조직이 형성되며, 그러한 조직을 이끌어 가야 하는 리더의 능력이 다른 일반적인 조직의 리더보다 더욱 요구되므로 리더를 선발하고 육성하는 것이 타 조직보다 훨씬 중요한 일일 것이다.

콜센터 사업본부장 시절 시기마다 많은 관리자를 선발해야 했었다. 콜센터에서는 통상 센터장 산하에 상담팀장이라고 하는 조직 관리자, QA라고 하는 품질관리자와 교육 및 훈련을 담당하는 트레이너 등 3분야의 리더가 절대적으로 필요하다. 나는 통상 상담사라 하는 사원들을 대상으로 실시한 평가 체계를 통해 상담사 중 상위 30%에 해당하는 인원을 매년 관리자 후보군으로 우선 선정하고 그들을 대상으로 초급 관리자로서의 육성 프로그램을 실시하였다. 최우수 사원이 아닌 우수 사원군 중에서 관리자를 선발하기로 한 것이다. 관리자 후보군으로 선정된 사원들을 대상으로 정기적으로 관리자 관련 교육을 실시하였다. 스터디 그룹을 만들어 연구하고 발표하게 하였으며, 신입 사원들의 멘토로, 각 팀에서는 선임 사원으로 또는 부팀장으로, 사내 강사 등으로 활용하면서 최소 6개월 이상 육성 프로그램을 운영함과 아울러 리더십, 친화력, 책임감 및 솔선수범에 대한 평가를 반복하여 진행하였다.

신규 팀 신설이나 공석으로 관리자 선발이 필요할 때에는 차상위급 이상의 관리자들과 공동으로 평가 회의를 거쳐 후보군 중 3배수를 선발한 후 최종적으로 초급 관리자를 선발함으로 공정한 평가가 되도록 노력하였다. 또한, 관리자 선발 후에도 일정 기간마다 순환보직을 통하여 가장 적절한 직위를 찾아 주고자 하였을 뿐 아니라 차상급 직위에 승진할 수 있는 능력을 배양하였다. 즉 필요할 때 관리자를 선발한 것이 아니라 연중 관리자 후보군 육성을 통해 항상 선발할 준비를 하였다. 최초 30명에서 시작하여 나중 500명 규모로 성장하기까지 10년간 단 한 명의 관리자도 외부 영입 없이 항상 준비되어 있던 관리자 후보군에서 필요할 때마다 선발할 수 있었다.

또한, 장기간 훈련된 관리자 후보군들은 언제든 관리자로 선발해도 대부분 탁월한 역할을 해내었다. 조직의 30%가 관리자 후보군으로 항상 육성됨으로 관리자 후보군들이 넘쳐 났을 뿐 아니라 관리자 후보군으로 선정된 사원들의 관리자를 꿈꾸는 노력이 증가하면서, 조직의 발전에도 두루 기여하였다.

## 좋은 관리자 선발은 조직을 발전시킨다.

관리자 선발은 정말 어렵다. 그러나 최우수 실적을 기록한 사원을 관리자로 선발하는 것은 조직을 죽이는 것이다. 왜냐하면, 최우수 실적을 기록한 사원의 능력과 조직을 잘 관리하는 능력과는 별개일 수도 있기 때문이다.

리더에게는 업무 능력 외에도 리더십, 친화력, 책임감, 솔선수범, 사원 육성 능력 등 여러 가지 능력이 반드시 필요하다. 리더의 선발을 위해서는 먼저 평가 체계, 선발 도구를 정비하고 관리자 후보군을 선발하여 육성하는 것이 성공의 전초전이라고 생각한다. 좋은 리더의 선발은 조직을 활성화하는 데 절대적으로 필요불가결한 요소이다. 또한, 개인에게는 새로운 비전을 심어 주는 기회가 될 것이다. 모든 직원이 조직과 함께 발전하고 승진하기를 꿈꾼다면 그러한 조직이 발전하지 않는 것은 결코 있을 수 없는 일이 될 것이다.

아울러 리더를 선발하고 육성해 내는데 또한 중요한 것은 조직의 최고 책임자의 열린 사고, 미래 지향적 사고가 더욱 필요할 것으로 생각된다.

# 22 > > > > >

# 평가만을 위한 평가는
# 인제 그만!

조직에서의 평가는 매우 중요하다. 평가를 통해 조직 내에서 선의의 경쟁을 유발시키며 조직 내 긍정적 스트레스를 제공함으로써 조직의 높은 성과를 기대할 수 있다. 좋은 평가 체계를 갖는다는 것은 직원들을 동기부여시킴으로 우수한 인재를 선발 육성하고, 직원들에게 높은 비전을 심어줄 수 있는 것이다.

그러나 모든 평가가 조직에 높은 성과를 가져다 주는 것은 절대 아니다. 잘못된 평가 체계는 오히려 조직을 위축시키고 반발을 야기시키며, 직원들의 불만의 원인이 되기도 하며, 이직하게 만드는 주요 요인이 되기도 한다. 하지만 직원들의 업무 결과나 과정을 평가하는 일은 참으로 어렵다. 직원들의 주 업무가 영업직이나 생산직과 같이 결과를 숫자상으로 쉽게 구분할 수 있는 경우도 이렵지만, 사무직이나 서비스업의 경우처럼 직원들의 업무 성과를 단순히 서로 비교 평가를 하는 것은 더욱 어려운 일이다.

## 평가는 쉽고 결과에 대해 타당성이 필요하다.

예전 마케팅 부서장으로 근무하던 시절, 신상품 판촉을 위해 영업 직원 전체에 대한 시책을 지원하는 판촉 캠페인을 시행한 적이 있었다. 영업직원의 영업 실적에 대하여 비례적으로 시상을 하면 가장 쉬운 방법이겠지만, 이것은 수천 명 영업사원을 움직여서 얻을 수 있는 영업 효과에 비해 예산이 많이 소요되는 비효율적인 방법이었다. 따라서 여러 가지 다양한 방법을 써서 단계적 평가, 상위권 집중 평가 등의 방법으로 시책의 효율을 극대화하여 캠페인을 성공시켰던 적이 있다. 이때 시책 평가의 가장 주요 요소는 누구나 이해할 수 있는 평가 체계, 즉 어떻게 하면 좋은 시상을 받을 수 있는지 하는 것과 선의의 경쟁을 무한으로 끌어올리는 데 주안점을 두는 것이었다.

직원들을 관리하면서 지속적으로 평가 체계를 운영하였었다. 그러나 평가 체계를 쉽게 만든다 하여도 신입사원의 경우는 이해하기 어려운 경우가 많았다. 초급 및 중간 관리자들을 통해 매주 신입직원 위주의 평가 면담을 주제로 멘토링하면서 좋은 평가를 받는 방법과 입사 기간별 평가 결과를 단계적으로 향상시킬 수 있는 방안을 서로 공유하게 하였었다. 그리고 모든 직원이 매일, 매월 자기 평가를 스스로 할 수 있게 하고 그 누적 결과가 회사의 평가 결과와 일치되도록 체제를 정비하였다. 그렇게 하였더니 신입 직원들의 초기 정착률이 높아지고 성과가 지속적으로 향상되었다.

대부분 콜센터는 전 직원에 대하여 여러 가지 방법으로 매월 평가를 실시하고 그 평가 결과를 성과급, 즉 급여와 연결하는 것이 일반적이다. 그러나 많은 콜센터에서는 상담 품질의 평가 결과에 대한 직원들의 불만이 매우 높은 편이다.

예를 들면 대부분 한 달에 직원 한 사람당 수천 콜의 통화를 처리하는 데 그중 불과 1~2콜을 평가하여 전체 콜에 대한 품질 수준을 평가하는 것이 큰 불만이었다. 상담 콜 한 콜에 대한 평가 항목은 친절도, 호응도, 정확성 등 통상 40여 개가 넘었다. 평가 항목이 많다 보니 고객과의 통화는 콜당 2~3분 내에 끝나지만, 평가는 한 콜당 40~50분이 넘어가는 것이다. 그러니 평가 건수를 늘이자면 평가 담당 직원의 추가 투입이 필요함으로 평가 건수를 늘리는 것은 회사의 입장에서는 곧 인건비 증가와 같은 의미가 되어 더 많은 콜을 평가하기 어려웠던 것이다. 피평가자인 직원들의 입장에서는 어쩌다 한 번 잘 못 처리한 상담 콜에 대한 평가를 가지고 직원 각자의 상담 품질 평가가 이루어지니, 직원 본인들은 열심히 업무에 임하고 있음에도 불구하고 운이 나빠서 평가 결과가 나쁘다고 생각하게 되는 것이 문제였다.

동기부여는커녕 사기 저하의 주원인이 평가 체계인 셈이었다. 단순히 평가 대상 건수를 늘리려면 더 많은 평가 인원의 투입이 절대적으로 필요하여 전체 평가 체계를 바꾸기로 하였다. 어차피 모든 콜을 평가할 수는 없으니 평가 방법의 효율성을 극대화하였다. 첫 번째는 평가 항목을 간단하게 축소하여 건당 평가 시간을 최소화하였다. 평가 항목을 40여 개에서 10여 개 미만으로 줄였다. 두 번째는 평가 방법이나 항목을 목적별로 다양화하였다. 그 결과 평가 시간이 콜당 40~50분에서 10분 이내로 감소하였다. 세 번째는 피평가자 스스로 자기가 한 달 중 가장 잘 처리한 콜을 스스로 선정하여 제출하게 하였다. 당연히 좋은 평가를 받으려고 직원들은 최대한 노력하게 되었다. 네 번째는 평가 결과에 대한 이의 제기 기회를 개방하였다. 즉 평가 결과에 불만이 있으면 스스로 그 이유를 적어 재평가 요구를 할 수 있게 하였다.

이렇게 되니 직원 대상으로 월 1~2건 평가하던 것을 품질 평가자를 추가 투입하지 않아도 인당 월 10건을 평가하게 되었다. 결과적으로 직원들이 자기가 받는 평가가 운이라는 생각이 없어졌을 뿐 아니라 한 달 내내 좋은 평가를 받기 위해 전력투구하였으니 회사 전체의 통화 품질이 저절로 상승하였음은 물론이다.

## 평가 체계는 동기부여의 도구이다.

어떤 조직의 책임자는 평가 과정의 실수를 밝히지 않으려고(?) 평가 체계를 어렵고 복잡하게 만드는 경우를 많이 보아 왔다. 평가가 어렵고 복잡하면 피평가자들이 어떻게 해야 좋은 평가를 받는지 알지 못한다. 좋은 평가를 받는 방법이 쉽게 이해되지 않는다면 노력할 수 없으므로 평가를 해야 할 이유가 없는 것이다. 또한, 피평가자들이 평가 결과를 운이라고 생각하게 된다면 그것 또한 피평가자를 동기부여 하지 못한다. 운이라고 생각하는 데 열심히 노력할 리 없는 것이다.

평가 체계는 회사 정책의 반영이다. 고로 평가는 직원들을 회사의 정책과 부합되게 동기부여 하기 위한 중요한 도구이다. 따라서 피평가자인 직원들을 동기부여 하지 못한다면 그러한 평가는 굳이 해야 할 필요가 없다. 왜냐하면, 평가 체계를 유지 운영하는 것도 인력이나 장비의 투입이 추가로 필요함으로 회사로서는 원가 상승의 주요 요소가 된다. 차라리 동기부여 되지 않는 평가를 하는 것보다는 안 하는 것이 회사로서는 원가 절감으로 인한 이익이라도 될 수 있을 것이다.

평가 체계는 누구나 이해할 수 있게 쉬워야 한다. 좋은 평가를 받는 방법이 무엇인지 파악할 수 있어야 한다. 또한, 평가 결과에 대한 불만이 없어야 한다. 평가 결과에 대한 불만은 곧 '평가 결과는 노력이나 실력이 아니라 운이다'라는 생각을 피평가자들에게 심어 주게 됨으로 평가 체계에 대한 타당성 검토가 반드시 필요하다.

# 23 > > > > > 동기부여는 자주, 반복해서 불규칙적으로 실시하라

동기부여의 개념을 조직 행동론에서는 "달성 목표를 향하여 인간 행동을 자극하고, 방향을 설정하고, 유지하는 일련의 과정"이라고 정의하기도 한다. 즉 동기부여란 이론적으로는 반드시 조직이 가고자 하는 목표, 즉 조직이 달성해야 할 목표의 방향으로 조직의 구성원을 가도록 해야 하는 것이라는 의미로 해석된다. 다시 말하면, 기업이나 조직의 목표와 구성원이 서로 다른 방향으로 가게 하는 것은 잘못된 동기부여란 의미이다.

동기부여 중 일의 결과나 성과에 대한 보상인 임금은 동기부여의 주요 원천임은 틀림없다. 일찍이 허츠버그Herzberg는 임금은 위생 요인, 즉 불만 요인으로 임금을 인상하여도 동기 유발이 되지 않는다고 하였지만, 최근 다른 많은 이론은 임금의 지급 대상에 따라 또는 배분 방식이나 시기에 따라서 동기부여 효과를 주장하고 있기도 한다.

사실 많은 기업이 임금을 연간 일정 비율로 나누어 월급으로 지급하고 나머지를 정해진 기간에 상여금으로 지급하고 있다. 임금은 일의 결과에 따라 크게 영향받지 않으므로 근로자의 노동력 제공에 대한 반대급부인 단순한 보상 차원으로 이해할 수도 있으므로, 동기부여의 주요 요소는 아닐 것이다. 임금 인상에 대하여도 고임금 근로자의 경우는 동기부여를 크게 기대하기 어려우며, 급여가 낮은 저임금 근로자의 경우라도 단기간은 동기부여를 기대할 수 있겠지만, 그 효과가 크거나 지속되는 것은 아닐 것이다.

임금 중 동기부여 효과를 가장 잘 유발할 수 있는 것은 성과급이다. 성과급을 지급하는 방법이나 시기는 회사마다 매우 다양하다. 개인별, 집단별, 월별, 연말 등 매우 다양한데 그 방법이나 시기에 따라 효과는 크게 다른 것으로 나타난다.

## 성과급의 지급 시기, 지급 방법에 따라 동기부여 결과가 다르다.

우리가 사는 지역에 유명한 냉면집이 있는데 이 집은 주말이면 손님이 평일보다 몇 배로 차고 넘쳐서 장시간 기다려야 하는 반면, 음식을 나르는 종업원들은 힘이 들어 비명을 질러대는 곳이다. 그런데 주말 장사가 끝나면 냉면집 사장님은 종업원들에게 그날 판매 실적에 따라 평소 일당보다 훨씬 많은 일당을 골고루 지급하였다. 주말이년 손님이 많아 중간 식사나 휴식할 겨를도 없이 종일 무거운 그릇들을 날라야 하는 종업원들은 다음날 몸살이 날 정도였지만 사장에 대한 불만을 제기하지 않았을 뿐 아니라 언제나 지원자로 차고 넘쳤다. 이것도 손님이 많아 매출의 증가분 중 일부를 종업원에게 배분하였으니 일종의 테일러식 성과급의 변형이라고 할 수 있을지도 모르겠다.

대부분의 콜센터는 전체 임금의 일정 비율을 재원으로 하여 성과급으로 운영하며 업무 성과에 따라 차등 지급한다. 내가 근무하던 콜센터도 상품의 판매나 서비스 마케팅을 하는 곳이 아니었음에도 전체 임금의 15% 내외를 성과급 재원으로 하여 평가 결과에 따라 성과급을 지급하였다. 지급 시기도 월 평가 익월 지급, 분기 평가 분기 지급, 연간 평가 연말 지급 등 다양하고, 분배 대상도 개인 성과급 또는 집단 성과급으로 CEO가 바뀔 때마다 방법이 변화되며 시행되었었다.

여기에 대응하는 직원들의 행동을 비교해 보면, 시기가 자주 반복될수록, 평가 결과가 잘 반영될수록, 성과급에 더욱 민감하게 반응하였다. 그러나 연말 성과급은 직급이 낮을수록 별로 민감하게 반응하지 않았다. 이는 직급이 낮을수록 이직률이 높은 것과 연관이 있을 것으로도 추정된다. 또한, 집단 성과급도 최근 대기업을 중심으로 많이 시행하고 있지만, 연말 성과급과 같이 직급이 낮을수록 큰 반응을 나타내지 않았다. 관리자 입장에서도 평가 결과가 바로 나타나는 월별 성과급이 사원들을 지도하고 독려하기에는 매우 좋았던 것 같다.

또한, 월별 성과급을 지급하면서 평가 결과를 5단계(S, A~D)로 나누어 차등 지급을 하였는데, D등급 직원에게도 최소한의 성과급이 돌아가도록 하였다. 혹자는 왜 꼴찌인 D등급에게 성과급을 지급하느냐고 반문하였지만, 임금을 기본급 90%, 성과급 10%로 나누어 주는 것과 기본급 100%로 주는 것은 회사로선 같지만, 받는 사람 입장에선 충분히 다를 수 있다고 생각하였기 때문이다.

D등급의 사원이라도 작은 금액이나마 성과급을 받게 되면 평가에 관심을 갖게 되며, 다음에는 C등급이라도 받으려고 노력하는 것이 나타났다. 많은 회사가 상위권의 일부 인원에게만 성과급을 지급하고 있으나, 이는 성과급 미수령 인원들에 대하여 포기를 선언한 것이며, 이러한 일이 몇 차례 반복되는 경우 성과급 미수령 인원들은 성과급이나 평가에 대한 관심을 포기할 뿐 아니라, 조직을 이탈하는 등 결과를 보이게 되는 것이다.

## 동기부여 되지 않는 보상은 불필요한 보상이다.

일의 성과에 대한 보상은 매우 중요하다. 보상을 통해 구성원을 동기부여 할 수 있으며, 동기부여된 구성원들이 새로운 일에 대하여 더 좋은 결과를 나타내는 선순환이 이어져 조직의 성과가 향상되는 것이 가장 바람직한 일일 것이다. 그러나 보상 방법이나 배분 방식, 지급 시기에 따라서는 보상을 하고도 동기부여와 연결되지 못하는 일은 비일비재하게 나타난다. 임금 인상이든 성과급이든 동기부여와 연결되지 않으면 불필요한 비용임은 틀림없다.

보상은 곧 칭찬의 한 방법임으로 보상을 자주 하는 것이 동기부여를 위해서는 좋다. 가능하면 자주, 반복해서, 불규칙적으로 보상하

라. 또한, 보상이 크든 작든 누구나 보상에 참여시켜라. 꼴찌를 버리지 않으려면 꼴찌들에게도 반란의 기회를 줄 수 있어야 한다. 조직의 성과는 1등이 혼자 200%를 달성해 내는 것보다, 모든 직원이 5% 혹은 10%를 성장하는 것이 훨씬 더 큰 성과를 내는 경우가 많다. 조직의 모든 구성원이 조금씩 성과를 개선하면 전체 조직의 성과는 틀림없이 더욱 크게 개선될 것이다.

# 24 > > > > > 칭찬은 공개적으로, 야단은 1:1로

여성 조직의 관리자로서 업무 중 가장 어려운 일 중 하나가 칭찬하기와 야단치기가 아닌가 생각된다. 그러나 또한 칭찬하기와 야단치기는 조직의 관리자로서 절대적으로 피해갈 수 없는 일이기도 하다. 여기서 칭찬하기와 야단치기가 어렵다고 하는 이유 중 하나는 관리자인 나의 감정과 행동이 동일하게 연결되지 않을 때의 문제이고, 다른 하나는 칭찬하기와 야단치기를 어떻게 할 것인가에 대한 방법에 대한 문제이다.

어떤 일에 대하여 관리자의 기분과 관계없이 칭찬하거나 야단을 쳐야 하는 경우는 참 어렵다. 본인은 별로 기분이 썩 좋지 않은 데 칭찬해야 하거나 또는 개인적으로 기분이 매우 좋은 상태인데 직원의 과실에 대해 야단쳐야 하는 경우인데 이러면 둘 다 무척 어렵다. 그러나 칭찬하거나 야단치기 위해서는 본인의 감정을 철저히 숨기지 않으면 차라리 실행하지 않는 것만 못하다. 칭찬한다고 하였는데 기분 나쁜 표정을 들키거나, 야단치면서 웃는다면 당사자를 조롱하는 것으로 여겨져 오히려 역효과를 낼 수도 있다. 칭찬하였는데 칭찬받았다고 느끼지 않거나 야단을 쳤는데 야단 맞았다고 느끼지 못한다면 시행 안 하는 것만 못한 일이 되고 말 뿐만 아니라 그 결과는 오히려 더 나쁜 상태로 될 수도 있다. 사실 이것은 오랜 시간 반복적인 연습과 훈련에 의해서 누구나 조절이 가능하다고 생각된다.

필자의 경우 오랜 시간 조직을 관리하다 보니 나중에는 감정 이입과 관련 없이 칭찬하거나 야단치는 데에 별로 문제를 느끼지 않았다. 누구나 여러 번 경험을 쌓다 보면 칭찬에도 노련해지고, 야단치는 데도 익숙해질 수 있다는 것이다. 언제든지 누구나 철저히 침착하게 그리고 천천히 감정을 조절하면 된다. 그것을 반복하다 보면 어느새 칭찬하거나 야단칠 때 감정을 조절하는 달인이 되어 간다. 결국, 화난 상태에서도 웃으며 칭찬할 수 있고, 즐겁고 기쁜 중에도 침착한 표정으로 야단칠 수 있게 된다.

감정을 조절한다고 하는 것은 야단칠 경우는 다른 일로 웃거나, 야단치는 내용에 흥분하여 화내지 말라는 것이다. 단지, 야단칠 경우는 화난 표정이나 싸늘한 표정만으로도 충분하다. 표정만이 아니라 실제로 화를 내면서 야단치게 되면 거꾸로 감정이 과도하게 이입되어서 야단맞는 사람은 왜 야단맞는지를 잊어버리고 오직 상사가 감정적으로 화낸 것만 기억하게 되는 것이다.

## 칭찬하는 것, 야단치는 것 둘 다 어렵다.

이 시대에 감정 조절을 가장 잘 하는 대표적인 직업군은 아마 정치인들이나 연예인들일 것이다. 그들은 카메라가 비추어지거나, 조명이 비추이는 무대 위에 올라가는 것만으로도 누구도 의식할 수 없이 얼굴 표정을 바꿀 수 있는 능력을 가지고 있는 것 같다. 그러나 그러한 행동이나 능력은 천부적으로 타고난 부분도 없지 않겠지만, 그들도 오랜 기간 훈련과 연습으로 가능해졌을 것이다. 정치인이나 연예인 만큼은 아니더라도 관리자로서 훈련이 되면 자기 감정을 억누른 채 얼마든지 감정 표현이 가능해진다.

감정을 조절할 수 없다면 칭찬하거나 야단치거나 둘 다 하지 마라. 상사에게 혼이 나고 나서 곧바로 부하 직원들에게 그 내용으로 화풀이하듯 야단을 치면 오히려 역효과만 낼 뿐이다. 잠시라도 감정을 가라 앉힌 다음 행동에 임하거나 아무것도 안 하는 것이 차라리 낫다. 칭찬하거나 야단치기도 동기부여를 위해 행하는 것이지 그러한 목적이 사라진다면 할 필요가 없는 것이다. 효과는 반감되겠지만, 그저 칭찬 대신 규정에 의해 상을 주거나 야단치는 것 대신 규정에 의한 징계를 하는 것이 더 나을 수도 있을 것이다.

칭찬하기와 야단치는 방법에 대하여 살펴보면, 칭찬하는 경우는 가능하면 공개적으로 하는 것이 좋다. 작은 상금이나 선물을 주는 경우라도 앞으로 불러내어 주는 것이 훨씬 더 효과가 좋다. 앞으로 불러내어 손뼉이라도 쳐주면 그 효과는 배가 된다. 그러나 칭찬의 방법도 매번 동일한 것보다는 다양하게 색다른 방법으로 변화를 주는 것이 훨씬 더 효과적이다. 예를 들면 매월 실시하는 월 시상 같은 경우 1년 내내 그 부서의 동일한 인물이 시상을 받게 된다면 그 시상은 할 필요가 없어지는 것이다. 동일한 사람에 대해 동일한 시상에 동일한 칭찬은 시상을 받는 사람에게나 그것을 보는 다른 사람에게나 아무런 동기부여도 되지 못한다. 그런 경우에는 분기별로 또는 반기별로 시상에 관련된 평가 방법을 바꾸거나 패자부활전과 같은 새로운 평가 방법을 추가하여 조직 전체를 동기부여 해야 한다.

보통 패스트푸드점에 가면 '이 달의 우수사원'이라는 액자들이 붙어 있는 경우가 많지만, 그 매장을 드나드는 고객 중 그 우수사원이 누구인지 물어보거나 알아보거나 찾는 사람을 본 적이 없다. 그 액자를 거는 이유는 그 액자의 주인공에게 칭찬하는 한 방법일 뿐이다. 그 주인공은 그 액자를 볼 때마다 자부심을 느낄지 모르지만, 그 액자를 보고 다른 직원들이 반드시 동기부여가 될 것이라고 생각한다면 그것은 별개의 문제이다. 아울러 1년 내내 동일한 사람의 액자가 붙어 있다면 그 액자는 그저 벽의 장식품에 불과할 뿐이다.

사실 칭찬하기보다는 야단치는 것이 훨씬 더 어렵다. 남자 경영자나 관리자들의 경우 여직원을 야단치는 것은 실제로도 매우 어려워한다. 야단치는 방법의 첫 번째는 반드시 1:1로 하라는 것이다. 초기 지점장 시절, 실적도 저조하고 성실하지 못했던 여성 소장을 불러서 야단을 치는데, 이 소장은 답변도 하지 못하고 자꾸 울기만 하였다. 야단치는 상사는 소리치고 화내는데, 야단맞는 소장은 그저 아이처럼 울기만 하니, 정말 더 이상 어찌할 수가 없어 그냥 중간에 야단치는 것을 중단하고 말았던 기억이 있다. 물론 야단친 효과는 전혀 없었을 것이다. 본인도 내가 큰소리친 것에 대해 불만만 남았을지도 모른다. 그리고 그 소장과는 그 후 인간적 유대 관계마저 깨져버렸을 것으로 생각된다.

본부장 시절 한번은 근태 및 지시 사항 불이행 문제로 초급 관리자를 야단쳐야 할 일이 발생했다. 사실 속으로는 엄청나게 화가 나 있는 상태였다. 하지만 내 사무실로 조용히 불러 1:1로 침착하게 무엇을 잘못했는지 설명하고 본인이 동의토록 한 다음 경위서를 작성케 하였다. 처음 울기 시작하던 그 관리자는 내가 워낙 조용조용히 설명하고, 이야기하니 곧 울음을 그치고 절차에 순응하였다. 그리고 절차상 가볍게 징계 처리하였다. 모두들 그 직원이 곧 그만둘 것이라고 수군거렸지만, 그 이후 수년이 지난 지금까지도 회사를 잘 다니는 것을 보면, 꽤 성공적으로 야단친 사건으로 기억한다.

### 칭찬이나 야단이나 감정을 개입시키지 마라.

야단을 치는 경우 1:1로 치는 것만큼 또 하나 기억할 것은 야단치는 경우 본인의 감정 조절이 참 어렵다는 것이다. 야단을 치는 상사가 감정 이입을 잘못해서 화를 내면서 야단치는 것은 오히려 여효과를 낸다. '평소 나한테 감정 있었나?', '왜 이렇게 화를 내지?' 등 화난 상사에게 야단을 맞으면 본인이 잘못한 것은 다 잊어버리고 오히려 상사에게 문제가 많거나 아니면 상사가 잘못한 것만을 기억하게 되는 것이다. 야단치는 상사가 흥분을 하거나 소리를 지르면 모욕감을 느낄 뿐 아니라 야단치는 효과는 이미 물 건너간 상태가 된다. 그리고 그들의 관계는 미워하는 원수로 남는다. 내가 잘못해서 야단맞은 것이 아니라 나를 미워해서 일부러 야단친 것으로 기억하게 된다. 절대적으로 야단을 치는 경우 언제든지 야단치는 상사는 침착해야 한다.

다시 한번 정리한다면, 칭찬할 때는 '공개적으로 다양한 방법으로 칭찬하라.' 야단을 칠 때는 반드시 '야단은 1:1로, 비공개적으로 하라.' 그리고 또한 중요한 것은 칭찬이나 야단이나 둘 다 반드시 '감정적으로 감정을 개입해서 하지 마라'는 것이다.

# CHAPTER 5

# 일하기 좋은
# 직장(GWP)을 위하여

제4차 산업혁명 시대 성공적인 여성 조직 50가지 노하우

# 25 > > > > > 일하기 좋은 직장 만들기

1980년대 초 로버트 레버링R. Levering의 초일류 기업이 가진 공통점 연구에서 시작된 GWP Great Work to Place 개념을 보면 초우량 기업, 즉 훌륭한 일터는 특별한 제도나 급여 수준에 의해서 결정되는 것이 아니라 조직 내부 구성원 간 신뢰를 바탕으로 형성된다고 하였다. 다시 말하면 구성원을 중심으로 봤을 때 상사나 경영진에 대한 높은 신뢰, 회사에 대한 강한 자부심, 동료들 간의 재미가 초일류 기업이 가진 공통분모라고 판단하였다. 즉 기업 내 관계의 질Quality of Relationship이 높을 때 궁극적으로 기업의 경쟁력이 높아진다는 사실을 반증하였다.

GWP 개념이 우리나라에 도입되면서 이를 훌륭한 일터 또는 일하기 좋은 직장이라고 번역되어 전파되고, 국내에서도 훌륭한 일터 국내 100선 등과 같은 GWP 우수 기업들을 외부 공식 인증에 의해 발표되고 있음으로 인하여, 많은 기업이 유행처럼 도입하고자 하는 의지를 가지고 추진을 해 나가게 되었다. 심지어는 회사나 조직 내

산하 팀에 KPI의 한 항목으로 GWP 활동이라는 것을 만들어 적용시키고 있지만, 외부적으로 보여 주기식으로 또는 행사의 일환으로 치러지지는 않는지, 제대로 되고 있는지는 다시 한번 생각해 볼 필요가 있을 것이다.

일하기 좋은 일터GWP의 공통점인 상사나 경영진에 대한 높은 신뢰, 회사에 대한 자부심, 동료들 간의 재미를 어떻게 하면 달성할 수 있는지 세밀한 검토나 구체적인 계획 없이 그저 회사 내 KPI로 정하고 추진하고 있으나, 방향성조차 인식하지 못하고 있는 많은 기업을 어떻게 생각해야 할지 어찌 보면 걱정스럽기만 하다.

## 개념 없는 GWP 활동은 예산 낭비이다.

경영진이나 상사에 대한 높은 신뢰를 만들어 가는 것은 경영진이나 상사가 존경할 만한 대상이 되어 간다는 것이다. 부하 직원을 제대로 기억하지도 못하면서, 어려운 문제가 생길 때마다 발뺌하거나 회피하면서, 지저분하고 늘 술취해 있거나, 직원들을 차별화해서 대하는 경영진이나 상사를 부하들은 신뢰할 수 없을 것이다. 부하 직원이 경영진이나 상사를 보고 느끼는 것은 어렵고 힘들 때 나의 편이 되어 줄 것인지 아닌지, 문제가 생겼을 때 책임지고 회피하지 않는 모습을 보이는지 아닌지가 우선 상사나 경영진을 신뢰할 수 있는 기본 수준이 될 것이다.

여러 해 전 어느 분이 내게 함께 일하기를 권유한 적이 있었다. 그분은 능력도 있었고 똑똑했으며, 배경도 매우 훌륭한 것으로 판단되었지만, 나는 일언지하에 거절하였다. 왜냐하면, 그분은 거의 매일 식사마다 소주로 반주를 하는 데 본인은 괜찮다고 하였지만, 남들이 보기에는 늘 조금씩 취해 있는 느낌이었다. 일보다 늘 술에 취해 있는 CEO를 신뢰할 수 없어 나는 그 자리를 마다하였다. 지금도 매우 잘한 선택이라고 생각한다. 나는 점심 식사 때마다 늘 반주를 하거나, 술자리를 1차, 2차, 3차 끝없이 이어가며 술에 자주 취해 있는 사람을 신뢰하지 않는다. 다른 사람도 물론 그럴 것이라고 생각한다. 특히 여성들은 술 취해 있는 상사를 싫어한다. 싫어한다는 수준을 넘어 혐오한다. 혹 상사가 조금이라도 술에 취해 있을 때 작은 실수라도 한다면 상사의 신뢰 회복에는 치명상이 될 것은 틀림없다. 그럼 회사에 대한 자부심은 어떻게 생겨날까? 일반적으로는 우선 사회적으로 많은 사람이 선호하는 기업일 수 있을 것이며, 회사가 사회에서 존경받는 기업이어야 할 것이고, 본인이 하는 일에 대한 만족도, 비전 등이 적절해야 할 것이다. 콜센터에 근무하다 보면 많은 직원이 상담사라는 직업이 사회에서 좋은 인식을 주지 못한다고 생각하기 때문에 어느 회사에 근무한다는 이야기를 잘 하지 못한다.

대기업인 A사의 업무를 위탁받아 처리하던 F사에 근무하던 시절, 직원들은 밖에 나가면 늘 'A사 직원'이라고 보통 이야기하였다. 그뿐 아니라 회사 회식을 해도 A사 이름으로 식당을 예약하기 일쑤였다. 동일 건물 내에 직원이 수백 명이 넘게 함께 근무하는 데도 회사 뒤 식당 골목에서는 F사라는 회사 이름도 알지도 못하던 시절이었다. 어느 가을 직원들에게 가디건을 하나씩 맞추어 주면서 옷에 회사명을 새겨서 나누어 주었다. 중식 시간이 되면 직원들 수백 명이 한꺼번에 가디건을 입고 쏟아져 나오니 식당 주인들마다 자연히 회사이름을 궁금해 하게 되고 직원들에게 물어보게 되었다. 나는 거기에 더해 모든 관리자들에게 모든 공식, 비공식 행사에 식당 예약을 F사 이름으로 할 것을 권고하였다. 불과 몇 개월 후에는 회사 뒤 식당마다 F사 직원들에 대한 가격 할인 등 서비스가 달라지고, 직원들도 당당히 F사에 근무한다고 당당하게 밝히게 되었다. 물론 사회적으로 존경받거나 명망 있는 대기업은 아니었지만, 주변에서 대접받는 기업이 되었으니, 직원들이 회사명을 숨기지 않고 밝힐 수 있게 되었다. 이것은 큰 발전이며 자부심의 표현이었을 것이다. 회사에 대한 자부심은 남들이 그 회사를 좋은 회사로 또는 존경받는 회사나 입사하고 싶은 회사로 인식해 주는 것에 따라 자연스럽게 생겨날 것이다.

특히 여성 조직이 중심이 되는 콜센터의 경우 GWP를 회사 KPI로 정해 놓고 운영하는 곳이 여러 군데 있었다. W사의 경우에도 팀장들에게 GWP 활동이라는 명목을 KPI로 정해 놓고 매년 팀 평가에까지 반영시키고 있었다. 하지만 회사에서는 GWP에 대한 인식이나 개념도 부족하여 전사적으로 아무것도 시행하지 않으면서, 센터나 팀 수준에서 무엇을 할 수 있을지 평가하였으니 매우 답답하기만 하였다. 이렇다 보니 팀이나 부서 내에서 GWP 달성을 위해 실행한다는 것이 그저 야유회, 등산, 회식 등 이벤트를 준비하고 시행하는 것이고 그것도 구체적인 계획 없이 예산 한도 내에서 시행하다 보니 그저 일회성 행사에 그쳐 버리고 마는 것을 보았다. 팀장들에게 어떻게 GWP 활동을 했는지 보고하라는데 회사의 주요 부서에서는 GWP에 대한 개념이나 계획도 없으면서 그저 평가에 반영하면 이루어진다고 생각하는 자체가 어불성설이었다. 물론 지금도 GWP 활동은 아무런 결과 없이 지지부진하게 명목상으로 이어지고 있기는 하다.

## GWP는 미래 기업이 추구해야 하는 인간성 회복의 길이다.

훌륭한 일터를 만드는 일은 어렵다. 그러나 훌륭한 일터, 일하기 좋은 직장에 대한 개념도 없이 훌륭한 일터를 만드는 것은 그저 어려운 것이 아니라 절대 불가함을 잊어서는 안된다. 많은 기업이 그저 목적 없이 CEO의 지시 하나만으로 일하기 좋은 직장, 훌륭한 일터가 만들어진다고 생각한다면 큰 오산이다. 왜 GWP를 해야 하는지, 어디로 가야 하는지를 모르는 경영자, 관리자가 너무 많은 현실에서 우선 GWP를 왜 해야 하는지부터 이유를 확인하고, 목표를 세우고 방향을 점검하여야 한다.

GWP의 가장 중요한 첫 번째 요소, 상사나 경영진에 대한 높은 신뢰를 어떻게 달성할 것인지, 두 번째, 회사에 대한 강한 자부심은 회사 차원에서 어떻게 만들어 갈 것인지, 그리고 동료애를 통한 일하는 재미는 어떻게 만들어 갈 것인지를 계획도 없이 시행한다는 것은 그저 친구 따라 강남 간다는 것과 별반 다르지 않다. 업계에서 또는 타사에서 시행하니까 우리도 한다는 식으로 운영되어 가는 것은 예산 낭비일 뿐 그 외 아무것도 아닌 것이다. GWP는 그저 관리자 몇 사람이 행동하고 주장함으로 달성되지 않는다. GWP는 경영진의 경영 철학에 녹아들어야 하며, 기업 내에서 전 직원이 함께 추구해야 할 미래의 인간성 회복에 대한 신념인 것이다.

**26** > > > > >        직원 간 연결고리를
                        많이 만들어라


GWP Great Work to Place 개념에서 주장하는 훌륭한 일터의 조건 중 하나는 조직 내부 구성원 간 신뢰를 바탕으로 형성된다고 앞에서 서술하였다. 구성원을 중심으로 봤을 때 기업 내 관계의 질 Quality of Relationship 이 높을 때 궁극적으로 기업의 경쟁력이 높아진다는 사실은 이미 모두가 알고 있는 내용이다. 그러면 관계의 질을 높인다는 것은 무엇일까? 그것은 상사와 부하 간, 직장 동료 간의 관계의 질을 어떻게 개선할 것인가 하는 것을 의미한다고 할 수 있을 것이다.

그렇다면 GWP, 즉 훌륭한 일터가 되면 회사의 입장에서는 기업의 경쟁력이 높아져 조직의 성과가 개선되고 생산성이 증가된다고 할 수 있을 것이지만, 직원 개인의 입장에서는 무엇으로 나타날까? 훌륭한 일터에서 근무하는 직원들은 특별한 경우가 아니면 회사를 떠나려 하지 않을 것이다. 즉 훌륭한 일터가 되면 직원 개인의 입장에서는 자발적인 이직이 감소될 것으로 판단된다. 이것은 최근 미첼 Mitchell 등이 제시한 직무 배태성 Job Embeddedness 의 개념으로 설

명할 수 있을 것이다. 직무 배태성이란 '조직의 구성원이 현재의 직무와 조직에서 계속 근무하거나 이탈하지 않도록 하는 데 영향을 끼치는 요소들의 연결'을 의미한다. 미첼 등은 직무 배태성이 높으면 결국 조직의 구성원이 이직하지 않고 현재의 직무와 조직에서 계속 근무하려고 한다고 하였다. 직무 배태성에 영향을 미치는 요소 3가지는 연결고리, 적합성, 희생이다.

그중 연결고리links라 함은 조직의 구성원이 조직 생활을 통하여, 구축한 인간관계망을 의미한다. 이는 단순 인간관계만이 아니라 사회적, 심리적, 재정적 네트워크 및 인간관계 등을 모두 포함하는 개념이다. 다시 말하면 연결고리가 많으면 많을수록 개인은 직무 및 조직에 몰입하게 된다는 것이다. 이것은, 연결고리가 많으면 직무 배태성이 높아져 자발적 이직이 감소할 것이고 자발적 이직이 감소한다는 것은 일하기 좋은 직장이라고 평가받을 수 있을 것이다.

## 연결고리를 탄탄하게 만들어라.

그렇다면 어떻게 직원들의 연결고리를 탄탄하게 하거나 많이 늘려야 할까? 연결고리를 많이 만들고 탄탄하게 늘리는 것은 한 번에 되거나 또는 하나의 방법으로 되는 일이 아니다. 여러 가지 정책들을 종합적으로 시행해야 연결고리가 탄탄해지는 결과로 나타나게 될 것이다.

많은 직장이나 콜센터에서 이미 시행하고 있지만 멘토링 제도도 기존 선배 직원과 신입사원을 연결짓는 매우 중요한 제도이다. 많은 회사가 도제식 멘토링 제도를 공식 또는 비공식적으로 운영해오고 있기는 하다.

그러나 멘토링 제도를 운영하는 데 전제 조건은 멘토의 선발이나 육성에 신중을 기해야 한다는 것이다. 아무런 계획이나 대책 없이 멘토링 제도를 운영하는 경우 혹 업무 능력은 있으나 회사에 대한 불만으로 가득찬 선배 사원을 멘토로 선정하게 되는 경우가 발생하고, 이는 신입사원을 조직에 정착시키는 것이 아니라 오히려 신입사원을 조기에 퇴사시켜 회사에 손실을 끼치는 악영향도 있음을 잊어서는 안 된다. 그렇다고 멘토링 제도를 포기하는 것 또한 매우 어리석은 짓이므로 멘토링 제도의 시행은 우선 체계적인 제도의 준비와 도입이 반드시 필요하다고 할 것이다.

두 번째는 직원들의 크고 작은 경조사를 공식적으로 챙기도록 하는 것이다. 특히 복리후생비로 운영할 수 있는 부모나 직계 가족에 대한 경조사를 효율적으로 잘 응대하는 것은 매우 중요하다. 단지 경조금 등 금전적으로 직원들을 대우하는 것도 중요하지만, 직원들이 함께 경조사의 자리에 참여하도록 만들어 주는 것은 더욱 중요하다. 이는 상사나 경영진의 솔선수범으로 쉽게 가능하게 될 것이다. 입으로는 직원을 위한다고 떠벌리면서 직원들의 경조사에 아무도 참여하지 않는다면 한국인 정서상 이해되지 않는 부분이며, 실제는 경영자나 관리자들의 표리부동한 부분이라고 생각된다. 사업본부장 시절, 직원들의 경조사를 가능하면 빠짐없이 참여하였다. 참여 시에는 나 혼자만 참여하는 것이 아니라 대부분 관리자들이 동행할 수 있도록 독려하였다. 처음에는 솔선수범하고 독려하는 것이 필요했지만, 시간이 지나고 몇 번 반복되면서, 서로서로 경조사를 챙겨 주게 되고 함께 참여하게 되었음은 물론이다. 또한, 직원들 상호 간에도 경조사의 참석은 서로에게 은혜나 배려로 생각하고 감사하게 됨으로 직원 간 중요한 연결이 이루어지게 되었다고 생각된다.

세 번째는 공식적 비공식적으로 회사 내 동아리를 많이 만들어 가도록 하는 것이다. 공식적인 동아리가 잘 활성화되면 사내 모임들이 활성화된다. 특히 감성적인 여성 조직의 경우 동아리 활성화를 통하여 조직의 구성원 간 인간관계 등 네트워크가 긴밀해지고 끈끈해 지도록 만들어진다. 이렇게 되면 업무에 있어서도 서로 과도한 경쟁을 하지 않고 서로 협조적이 되어 갈 것이다. 또한, 공식적 동아리가 활성화되어 인간관계 등 네트워크가 긴밀해지면서 비공식적 동아리도 자연스럽게 발생되어 더욱 인간관계를 돈독히 하게 된다. 즉 다시 말하면 공식 동아리의 활성화가 조직 내 협조적인 문화를 생성하고, 협조적인 문화가 인간관계를 더욱 친밀하게 하며, 비공식 동아리를 구성하게 하여, 비공식 동아리가 자연발생적으로 생겨나게 되면 직원들이 조직 내에서나 외부에서나 서로의 개인적 생활까지 연결되는 끈끈한 연결이 형성됨으로 탄탄한 조직 구조를 가지게 될 것이다. 콜센터 내에서는 보통 볼링 동아리, 등산 동아리, 문화 탐방 동아리, 독서 동아리, 영화나 연극 관람 동아리, 여행 동아리 등이 회사 정책에 의해서 또는 자발적으로 생겨난다. 이러한 것들이 생겨나기 시작하면 친해진 여성들의 경우 함께 소규모로 쇼핑을 다니거나, 오락을 즐기거나, 혹은 함께 외국여행을 다니는 부류들이 비공식적으로 자발적으로 자꾸만 생겨나게 될 뿐만 아니라 육아 문제나 자녀들의 학업 문제 등 서로 공통된 문제들을 나누고 함께 해결하면서 튼튼한 연결고리가 형성되는 것이다.

회사 내에 여직원 몇 명이 늘 어울려 다니는 그룹이 있었다. 나이 차이는 좀 있었지만, 모두가 경력 단절 여성이었다가 단시간 근로자로 입사하였는데 그 당시에는 학부형이고 주부였다. 자칭 스스로의 모임을 'Crazy Girls'라 명명하면서 퇴근 후에도 늘 몰려다녔다. 함께 차나 술을 마실 뿐 아니라 쇼핑도 함께 하고 아이들이나 가족들도 모두 함께 잘 어울려 지냈다. 그러다 보니 회사 출근하는 것이 친구를 만나는 듯 즐겁고 재미있었다. 초기에는 정착에 어려움을 겪었지만, 점차 직장에 적응도 잘하고 성과들도 좋았다. 언제나 회사의 정책에 우호적이었고, 10여 년이 지난 지금도 그중 팀장으로 승진하였든 상담사로 남아 있었든 간에 단 한 사람도 직장을 떠나지 않고 열심히 근무하고 있는 중이다.

## 직무 배태성 중 연결고리는 GWP의 방향성을 제시해 준다.

회사의 제도가 직원들의 연결고리를 만들고 연결고리를 탄탄하게 한다. 연결고리가 탄탄해지면 조직의 성과 향상은 물론 종업원 간 협조 체제가 자연적으로 구축되어 상호 지원을 아끼지 않게 되어 과도한 경쟁을 탈피하게 되고 불만들이 감소할 뿐만 아니라 신입사원 채용 시에도 종업원 추천 모집 제도를 통해서 쉽게 우수한 직원들을 채용할 수도 있게 될 것이다.

특히 직무 배태성 중 연결고리는 GWP의 방향성을 잘 제시해 준다. GWP의 개념 중 관계의 질을 향상시키려면 어떻게 해야 하는가의 질문에 대한 답을 제시해 준다는 것이다. 회사의 GWP를 위한 방향은 직원 간 연결고리를 튼튼히 하는 것이다. 직원 간 연결고리를 튼튼히 하기 위해서는 멘토링 제도의 올바른 구축, 상사나 경영진의 경조사에 대한 솔선수범 관리, 사내 공식, 비공식 동아리 활성화 등이 활발히 이루어져야 할 것이다. 특히 공식, 비공식 동아리 활성화가 직원 간 인간관계를 개선시키고, 연결고리를 튼튼하게 하여 직무 배태성을 향상시킬 것이다.

# 27 >>>>> 회사를 떠날 수 없는 이유를 만들어라

직무 배태성의 핵심 요소 중 하나는 희생sacrifice이다. 여기서 희생이라 함은 조직의 구성원들이 직장을 떠남으로써 잃게 되는 물질적, 정신적 비용의 희생을 의미한다. 즉 조직의 구성원이 이직하고자 하였을 때 급여 등 금전적인 부분, 즉 물질적인 희생도 이직을 어렵게 하지만, 정신적인 희생도 이직을 어렵게 한다. 다시 말하면 구성원이 이직하고자 하는 경우 그 대가인 물질적, 정신적 비용의 손실이 크면 클수록 이직은 더 어려워진다는 것이다.

물질적인 희생과 관계된 것이라면, 급여나 사택 지원, 학자금 지원 등 복리후생적 급여 등과 연금 혜택, 승진, 장기근속 수당, 보너스 등과 같은 각종 혜택 등이 여기에 해당한다. 그러나 이러한 것들은 기업의 특성상 시장 환경이나 기업의 수익과 직접적인 관련이 있으므로 다른 경쟁 조직에 비해 무조건 더 높게 책정하기란 쉽지 않은 일이다. 그렇지만 이러한 것도 사내 급여 규정이나 승진급 체계, 평가 체계, 장기근속자에 대한 대우 등을 구성원들의 니즈와 잘 조화롭게 규정하고 운영함으로써 직원들의 생각에 합리적이며 공정하게 운영됨을 인식할 수 있도록 하는 것은 매우 중요한 문제일 것이다.

또한, 정신적 희생은 큰 비용을 들이지 않고도 조직 경영자의 마인드나 정책에 따라 만들어지고 유지될 수 있다. 정신적 희생이라 함은 그 직장을 떠남으로써 잃게 되는 것으로 그 직장에서의 정신적 안정감, 동료와의 좋은 인간관계, 좋아하는 일과 프로젝트, 심지어는 직장인으로서의 자부심과 활기찼던 정신적 측면 등을 의미한다고 할 수 있다. 이러한 것들은 구성원들의 입장에서는 일하기 좋은 일터, 훌륭한 직장을 만들어 가는 필수적 요소가 아닌가 생각된다.

## 희생 중 정신적 측면의 비용의 크기는 조직의 정책에서 만들어진다.

보통 제조업에서는 제품의 품질검사를 통해 제품의 문제점들을 찾아내고 이러한 것을 불량품으로 하여 솎아내며, 검사를 통과한 제품만을 시중에 유통시키는 것이 일반적이다. 그런데 이러한 제품의 품질검사 제도를 직원들의 평가 제도에 그대로 반영하는 기업들도 있다. K기업은 직원들의 서비스 품질 수준을 평가하면서 직원들이 실수하고 오류를 범한 것을 찾아내어 직원들의 평가에서 감점하는 제도를 운용하였다. 겉으로는 직원들이 잘한 서비스를 찾아내는 것보다 잘못한 서비스를 찾아내는 것이 더 쉽고 그럴듯하게 보일 뿐 아니라, 그렇게 하면 서비스의 품질이 더 좋아질 것으로 판단했을 것이다.

그러나 '칭찬은 고래도 춤추게 한다'고 했던가? 잘하도록 칭찬하고 격려하며 일을 평가하는 것과 잘한 일은 당연시하고 잘못한 일만 찾아내어 감점을 주는 것, 이 두 가지가 똑같다고 생각한다면 귀하는 조직의 리더로서 이미 자격이 없다고 생각한다. 직원들이 저지를 실수만을 감시하며, 어떻게 감점할까 고민하는 이러한 제도는 CEO가 직원들을 사람, 즉 자아를 가진 사람으로 보지 않고 그저 하나의 제품을 만들어 내는 기계로 생각하는 것과 다름없을 것이다. 최근 그 K기업이 타 기업에 흡수 합병된 것은 어찌 보면 당연한 일이라고 생각되기도 한다.

사람은 잘하려고 노력할수록 더 좋은 결과를 얻을 것이다. 일을 잘하려고 하는 것은 일에 대한 성취감을 얻을 수 있으며 직무 만족을 가질 수도 있다. 그러나 실수하지 않으려고, 실수하면 지적당하고 감점받으니까 실수하지 않으려고만 한다면 우수한 사원이 되기 전에 오히려 많은 스트레스로 일을 떠나게 될 것이다. 직장에서의 안정감은 회사가 직원들에 대하여 어떤 생각을 가지고 대하는가가 매우 중요하다. 직원들을 어떠한 개념으로 보는가? 소모품인가? 적인가? 동료인가? 어떻게 평가하는가? 이러한 모든 것들이 조직의 제도에 반영되며 직원들이 직장 내 정신석 안정감에 영향을 주는 것이다.

동료들과의 좋은 인간관계를 만드는 것 또한 중요한 회사의 정책에서 기인할 수 있다. 필자는 수백 명이 넘는 콜센터를 운영하면서 직원들 간 업무에 대하여 평가하였으나, 과정을 중시하였고, 단순히 개인적 무한경쟁식 평가가 아니라 상호 보완적 협력적 평가를 많이 할 수 있도록 하였다. 1, 2, 3등과 같은 서열 평가를 무시하지는 않았지만, 그렇다고 그것만을 절대 중시하지 않았으며, 개인별, 팀별 실적 개선이나 향상 부분에 더 큰 주안점을 두었고, 개인보다는 팀 평가로, 저평가자를 중심으로 패자부활전과 같은 기회를 부여하고자 하였다.

많은 조직에서 단순 개인별 평가를 경쟁적으로 진행하다 보면 조직 내 개인 간의 협력적이거나 우호적인 분위기를 망치는 경우를 흔히 접하게 된다. 많은 CEO가 사내 무한경쟁이 조직의 성과를 높인다고 생각하고 사원 간 심각할 정도로 과당 경쟁을 조장하는 경우를 여러 번 봐 왔지만, 이 경우 동료를 도와주거나 협력하게 되면 상대적으로 손해 본다는 느낌 때문에 동료 모두를 적으로 대하게 하는 우를 범하게 되는 것이다. 심지어는 중요한 사항을 동료들에게 전수하거나, 후임자에게 인수인계하지 않으려는 일들도 자주 발생하는 것이다. 당연히 사내 협조 체제가 묻혀 버리거나 사라지고 결국 사내 조직의 강점을 살리지 못함으로 조직 내 분열과 과당 경쟁으로 인해 조직의 성과를 망치게 되는 것이다. 팀 평가에 있어서도 지나치게 팀 실적 결과만을 평가하는 경쟁적인 분위기를 유지하게 되면, 부서장들은 가능하다면 신입사원을 받지 않으려 함은 물론이고 팀 내 실적이 부진한 사원을 육성시키지 않고 왕따시켜서 개선의 기회없이 팀 내에서 합심하여 조기에 그들을 조직 밖으로 밀어내 버리려고만 하게 된다. 현 신입사원이 정착하기도 전에 매번 그들을 조직 밖으로 밀어내고 새로운 신입사원을 배치하고자 한다면 조직은 사원을 육성하고 정착시키는 데 실패하게 될 것이다. 그러나 일부 우수 사원의 성과를 극대화하는 것보다는 직원 전체의 직무능력을 조금씩이라도 향상시키는 것이 조직의 운용 비용 문제, 조직의 안정성, 조직의 성과 향상 면에서는 훨씬 더 좋은 결과를 가져올 것이다.

## 조직에 대한 충성심은 경영자의 생각과 정책에서 나온다.

회사의 업무가 정책적으로 직장 내 안정감을 제공할 수 있어야 하며, 동료 간 서로 협업하도록 만들어질 수 있다면 동료 간 좋은 인간관계는 자연스럽게 형성될 것이다. 이러한 것이 일하기 좋은 일터의 전제 조건이 아닌가 생각된다. 또한, 회사에 대한 자부심 역시 회사가 직원들이 생각하는 일하기 좋은 일터GWP가 되지 않는다면 이루어질 수 없는 내용일 것이다. 대기업이라고 해서 반드시 직원들이 그 회사에 대한 자부심을 갖는 것은 아니다. 회사에 대한 비전과 회사의 정책, 회사의 직원에 대한 생각, 배려 등이 맞아떨어질 때 직원들은 회사에 대한 자부심을 갖게 되고 그 자부심이 곧 회사에 대한 충성도로 나타나게 될 것이다.

군인이 전장에서 목숨을 바쳐 싸우는 이유는 조국에 대한 충성심과 자부심의 발로일 것이다. 그것은 나라가 약소국이냐 강대국이냐의 문제가 아니라 나라가 국민 한 사람 한 사람을 대하는 태도나 정책에서 나온다. 더욱이 자기의 조국이라고 모든 국민이 자기의 조국에 대한 충성심을 자동적으로 갖는 것은 절대 아니다. 국민에 대한 탄압과 폭력, 독재가 자행되는 나라라면 누구든 조국을 버리는 일을 우리는 지금도 수없이 보아 오고 있다. 하물며 일반적인 조직에 있어서는 더욱 그러할 것이다. 경영자나 조직에서 구성원들에 대한 생각, 대우, 태도, 정책, 이러한 것들이 조직의 구성원이 조직에 대해 충성할 것인지 이탈한 것인지를 스스로 자연스럽게 결정짓게 할 것이다.

# 28 > > > > > 동료애를 키우고 직원들을 꿈꾸게 하라

조직의 구성원이 현재의 직무와 조직에서 계속 근무하거나 이탈하지 않도록 하는데 영향을 끼치는 요소들의 연결을 이론적으로는 직무 배태성이라고 앞에서도 서술하였지만, 이미 많은 연구에서도 직무 배태성을 높이면 이직 의도가 감소한다고 서술하고 있다. 직무 배태성의 핵심 요소 중 하나인 '적합성Fit'은 조직 구성원인 기업의 직원, 종업원이 자신의 직무, 직장, 지역사회가 자기 생활에서의 다른 측면들과 유사하거나 적합한 정도를 의미하는 것으로 정의하곤 한다. 간단히 말하면, 적합성은 종업원이 직무 환경에서 느끼는 편안함을 의미한다. 이는 종업원이 가지는 개인적 가치, 경력 목표, 장래 계획 등이 기업 문화나 직무상 요구와 얼마나 일치하는가에 의하여 결정된다. 적합성의 지각은 특히 여러 직업의 초기 진입 단계, 즉 입사 시 초기 적응하는 데에도 매우 중요하며, 직장 외 환경과의 적합성도 중요하다. 개인의 여가 생활, 종교 활동, 자녀 교육, 레크레이션 등 선호와 대인관계 등은 언제, 어디서 일할지를 선택하는 데에도 중요한 요인이 될 수 있는 것이다.

그중 예를 들면 동료애를 통한 여가 생활의 재미가 있다면, 그 재미가 조직을 이탈하기 위해 희생할 수 없는 가치를 가지고 있다면, 구성원들의 조직 이탈, 즉 이직을 제어할 수 있게 될 것이다. 그렇다면 동료애를 통한 재미는 어떤 영향이 있을까?

## 기업을 선택하는 이유 중에는
## 기업이 모르는 것이 많이 있다.

여러 해 전 직원들을 대상으로 직무 분석을 하였었다. 그 직무 분석 결과 직원들의 답 중 일부는 매우 충격적이었으며, 반드시 고려될 만하였다. 그중 '능력을 발휘할 수 있는 곳으로 이직할 생각이 있다'는 설문과 '급여가 자기 능력에 비해 매우 적다'는 설문에 거의 2/3의 직원이 그렇다고 답을 한 것을 확인하였다. 또한, 대부분 직원이 1년 이내에 타 직업이나 다른 직장으로 옮기려고 한 적이 있다는 설문 결과도 확인하였었다. 급여가 낮은 수준인 기업의 관리나 운영 업무 특성상, 콜센터는 타 산업보다 대체적으로 이직률이 매우 높은 산업이므로 거의 2/3에 달하는 직원이 이직할 의사가 있다고 답을 했다면 결과는 매우 심각할 수도 있었다.

그런데 1년 후 이직에 대한 결과는 월평균 겨우 1%를 조금 넘는 낮은 수준의 이직률로 나타났다. 왜 이직하지 않았을까? 추가적인 직무 분석으로 그 이유를 확인하였다. 동료 직원에 대해 전체적으로 만족한다는 직원이 90% 이상을 차지하였고, 동료들과 근무 시간 외 여가 활동을 함께 한다는 경우도 거의 절반이나 되었다. 이러한 직무 분석 내용을 보면서 이것이 동료애를 통한 재미가 이직률에 영향을 준 결과라고 판단되었다. 직장의 급여 수준이나 업무 환경 또는 업무량이나 감정노동으로 인한 스트레스 등도 분명히 이직의 원인이 되고, 이직 의도를 증가시키는 중요 사유가 되겠지만, 동료들과의 관계, 동료들과의 연결, 또한 그들과의 협력 관계나 재미 때문에 이직하지 않았거나 이직할 수 없었던 것으로 판단된다.

다른 한편으로 지금까지 겪어 본 많은 CEO 중에는 직원들을 육성하고 교육하는 것을 해서는 안 되는 것으로 생각하는 경향을 가진 CEO가 의외로 많았다. C사의 CEO를 맡았던 H도 직원들 교육을 진행하고 확대하는 데 늘 소극적이었다. 이유인즉 '직원들을 교육시켜 능력이 증가되면 더 나은 대우를 해야 하는데 그럴 수 있는 회사 형편도 되지 않고, 또한 직원들이 능력이 증가되면 더 좋은 회사로 빼앗길 것이다.' 실제로 이와 같은 생각을 하고 있는 CEO들은 쉽게 볼 수 있었다.

이러한 CEO들은 사원들에 대한 교육뿐 아니라, 초급 관리자들 조차 교육시키려 하지 않았다. 여성 조직의 특성상 초급 관리자들의 능력이 증가하여도 더 이상 진급시켜 줄 자리가 없다는 것이 이유였다. 그러다 보니 초급 관리자들의 관리 능력에도 문제가 많았지만, 그들에 대한 대우조차 경쟁사에 비교하면 열악하고, 대우가 사원들과의 격차도 별로 없어 아무도 선뜻 사원에서 관리자로 진급하는 것조차 원하지 않게 되었다. 심지어 관리자 선발 시 사원들이 초급 관리자는 일이나 스트레스만 많다고 생각하여 서로 기피하는 자리가 되니 경우에 따라서는 인사 담당 부서에서는 진급 대상자들을 찾아다니며 진급을 선택하도록 설득해야 하는 우스운 상황이 연출되기도 하였다. 이러한 CEO들이 원하는 것은 딱 회사가 원하는 수준만큼만 시키는 대로 일하면 되고, 더 이상 능력이 증가하거나 하여 다른 데로 가는 것은 하지 말라는 의미이다. CEO들이 직원들이 성장하기를 바라지 않는다는 것은 본인이 근무하는 동안만 시키는 대로 하기를 바라는 것뿐이고, 그 이후의 직원들에 대한 것은 본인과는 상관없다는 뜻일 것이다. 즉 직원들을 인격체로 보는 것이 아니라 그저 월급받는 노예로 보는 것이다. 이러한 기업은 성장하기 어렵다. 성장하기 어려운 것만이 문제가 아니라 점점 퇴보하게 되고 결국은 현 수준 유지에도 문제가 될 것이라 생각된다. 거기에는 직원들을 단지 소모품으로만 보려는 기본적인 사고가 담겨 있다. 직원들 중 꿈이 있고 성장하고 싶은 직원은 그러한 상황이 오히려 회사를 조속히 떠나게 하는 빌미가 될 것이다. H도 그 당시 회사를 운영하며, 표면적으로는 GWP 정책을 추진한다고 하였지만, GWP에 대한 기본적 이해조차 없었던 것이 아닌가 생각된다. 조직이 성장하기 위해서는 모든 조직의 구성원이 자기 성장을 위해 노력해야 한다. 사원들은 관리자로 진급하기 위해 열심히 경쟁하고, 관리자들은 사원들을 잘 관리하기 위해 스스로 능력을 계발하고, 성장하여야 한다. 그래야 기업도 성장하는 것이다.

## 동료애와 직원들의 꿈이 회사를 성장시킨다.

조직의 구성원들이 조직을 떠나는 이유에는 여러 가지가 있을 것이다. 사람들이 일을 하는 이유가 금전적인 문제에서 비롯된다고 하지만 기업, 즉 조직은 사람들 대부분이 시간과 삶을 함께 하는 곳이다. 기업에서 근무를 하면서 아무도 서로 돕거나 함께하지 않는 곳이라면 조직이 아니라 무인도에 갇힌 표류자와 무엇이 다르겠는가? 조직 내에서 인위적으로라도 동료애를 형성하는 것은 매우 중요하다. 동료애를 통하여 무한 과당 경쟁을 지양하고, 동료 간 협조 체제를 강화시키는 것이 기업이 성장하는 비결이라고 생각한다. 그러면 동료애를 어떻게 형성하여야 할까? 회사 내에서나 회사 밖에서나 서로 많이 어울리도록 기회를 만들고, 항상 팀워크를 통해 일하도록 하여야 하며, 서로 공유하고 함께 나눌 수 있으며, 경쟁보다는 공동의 목표를 공유할 수 있도록 하여야 할 것이다.

사람에게 꿈이 없다면 죽은 것이다. 그렇지 않다면 죽을 날을 기다리는 환자와 무엇이 다르겠는가? 꿈이 없으면 장래 계획도 없는 것이다. 조직 구성원의 장래 계획에 대한 꿈은 조직과 함께 하는 것이다. 모든 조직이나 기업이 구성원, 즉 직원들의 미래를 책임져 줄 수는 없겠지만, 그들의 성장을 돕고, 그들이 꿈꿀 수 있도록 하여야 한다. 그들의 꿈이 조직의 최고경영자가 되는 것이든 아니면, 조직을 떠나 다른 곳에서 더욱 성장하는 것이든 꿈꿀 수 있게 하여야 한다. 조직의 구성원이 꿈꾸며 성장을 위해서 열심히 노력한다면 그 조직도 자연적으로 성장하는 것이다.

동료애가 없는 조직은 혼자 표류한 무인도와 다름없다. 또한, 직원들을 성장시키려 하지 않고 꿈꾸게 하지 않는 조직은 성장도 미래도 없는 것이다.

# 29 > > > > > 이유 없는 결근은 없다

직원들이 이직할 때에는 그 전에 대부분 이직과 관련된 여러 가지 징후들을 보인다. 그저 아무런 사전 표시도 없이 어느 날 갑자기 이직으로만 나타나는 경우는 별로 없다. 만약 어느 조직에서 아무런 사전 징후도 없이 계속 직원들의 이직이 발생한다고 한다면 그 조직의 리더가 직원들이 나타내는 고통이나 아우성을 전혀 눈치채지 못하는 무능한 리더이거나 조직 내 커뮤니케이션이 완전 단절된 조직이거나 둘 중 하나임이 틀림없다고 할 수 있을 것이다.

이직의 사전 징후는 여러 가지로 나타난다. 조직에 대한 불만 제기나 근무에 대한 불안한 태도, 특히 여러 가지 다양한 사유로 인한 잦은 결근이나 지각 등 여러 가지 징후들이 나타난다. 그러한 징후들을 미리 사전에 눈치챌 수 있게 하는 방법은 커뮤니케이션을 활성화하는 것이다. 누구나 회사에 대하여, 또는 조직의 정책에 대하여, 아니면 여러 가지 다양한 의제에 대하여 다양하게 의견 개진을 하거나 발언의 기회를 가질 수 있는 원활한 커뮤니케이션도 중요하지만, 정기적, 비정기적으로 리더가 주관하는 면담 제도도 이직뿐만 아니라 개인적 결근도 사전에 미리 파악할 수 있는 중요한 커뮤니케이션의 한 통로일 것이다.

## 결근의 원인을 파악하는 것은 그저 꾸짖거나 징계하기 위함이 아니다.

다른 직장에서 근무한 경험이 있는 입사 지원자들을 면접하는 경우 '왜 그 직장을 그만두었는지'에 대해 여러 피면접자를 대상으로 질문을 한 적이 있다. 그런데 많은 입사 지원자가 전 직장을 그만둔 이유를 병이 나거나 교통사고를 당하여 병원에 잠시 입원하였다던가, 아니면 초등학교에 처음 입학하는 자녀 문제로, 육아 문제로 어쩔 수 없이 직장을 그만두게 되었다는 경우를 많이 이야기하곤 하였다. 병이나 교통사고로 장기간이 아닌 단기간 병원에 입원하였다는 것이 근로기준법상 해고 사유가 되진 않았을 테니 회사 측으로부터 해고당한 것은 분명 아니었겠지만, 직원들을 단지 노동력을 제공하는 기계로만 보는 기업에서는 개인적 사유로 인한, 단 며칠의 결근도 용인해 주지 않는 분위기가 되었으니 직원들은 입원 기간 회사의 눈치를 보게 되고, 결국 이것이 이직 사유가 되곤 하는 것이다. 또한, 대부분 많은 회사가 직원들이 근무하다가 중도 퇴사 후 재입사를 지원하게 되면 절대로 다시 입사할 수 없다는 규정을 가지고 있거나, 규정은 없더라도 그러한 지침을 내부적으로 지켜나가는 경우를 흔히 볼 수 있다. 자발적으로 기업을 떠난 사람은 그 해당 기업에서는 다시는 받지 않는다는 불문율 같은 비공식적 내규로, 결국 한 번 이직한 사람은 기업에 대해 배신자나 변절자 정도로 보는 견해를 가지고 있기도 한다. 기업이나 조직에 따라서는 직장생활을 떠난다고 하는 것이 대부분 더 좋은 직장이나 경쟁사로의 이직을 뜻하는 것이라면 그러한 규정도 필요할 지도 모른다.

그러나 많은 여성의 경우 아직도 직장과 가정사 모두를 책임지고 있는 가운데, 개인의 가정사적 문제로 인하여 회사를 떠날 수밖에 없는 경우가 발생하여 이직하였다면 오히려 재입사를 한다고 해도 더 환영하고 받아 주는 것이 맞지 않을까 생각된다. 재입사자들이 최초 회사를 떠나는 이유가 회사나 조직이 싫어서가 아니라 임신, 출산, 질병, 육아 등 가정이나 개인적 문제였으므로 그 문제가 해결되면 다시 일할 수 있는데도 불구하고 해당 조직에서 다시 채용하지 말아야 할 이유를 찾는다는 것이 더 우스꽝스럽지 않은가 생각된다. 그러한 규정이나 지침이 무서워서 개인적 문제가 있는 데도 불구하고 회사를 계속 다닐 것으로 생각하는 것 자체가 오산이 아닐까 한다. 아주 중요한 요직이거나 전문직이어서 다시는 구할 수 없는 자리라면 몰라도 일반적인 직위의 자리라면 더구나 여성 위주 조직에서 경력 단절 여성들을 주로 사용하는 자리라면 더욱 그러하다. 그러한 사유로 퇴사했던 직원들을 다시 재채용해 본 경험상으로는 더욱 업무에 충실하고, 더 높은 생산성을 내며, 회사에 대한 충성도도 오히려 더 높았던 것으로 기억한다. 아무리 업무가 단순 업무라 하더라도 신입사원보다는 기존 사원의 생산성이나 업무 품질 수준이 분명 높을 텐테도 불구하고 며칠 입원으로 결근하는 것이 회사의 큰 손해인 양하는 것은 사람의 특성을 너무 모르는 것이 아닌가 생각된다.

기계는 가동 능력 이상의 힘을 절대 발휘하지 못한다. 기계가 가동 능력 이상의 힘을 발휘하게 하면 무리가 되어 파손되거나 기계의 수명이 단축되는 것은 누구나 아는 사실이다. 그러나 사람에게는 가동 능력의 한계가 없다. 얼마나 그들을 신바람 나게 하느냐에 따라 개인이나 조직의 성과는 달라지는 것이다. 그저 단지 며칠 병으로 또는 사고로 일에 투입할 수 없게 된 경우에 직원을 몰아내 버리려고만 한다면, 다른 직원들도 그러한 일이 올까 봐 두려워하게 될 것이고 이직의 기회가 생길 때는 과감히 그 직장을 버리고 떠나려고 하게 되는 것이다.

사전 통보 없이 여성 직원들이 갑작스럽게 결근하는 경우를 파악하다 보면 가끔 회사에서 정해진 복리후생 제도의 경조사 기준은 아니더라도 본인의 사고나 가족의 질병들 때문인 경우가 꽤 많았던 듯하다. 물론 사전 보고를 못 받았으니 화가 날 수도 있겠지만, 나는 우선 그들의 입장을 이해해 주고 필요하면 문병을 하거나 위로토록 하였었다. 직원들을 재입사 면접 시 기존 근무 중 근무 성적이 크게 불량하거나 근무 중 동료 간 문제가 심각하지 않았다면 다시 채용하였다. 그들은 대부분 재입사 시에도 더욱 열심히 업무에 임해 주었음은 물론이다.

## 이유 없는 결근도, 이유 없는 이직도 없다.

이유 없는 결근은 없다. 물론 이유 없는 이직도 없다. 이유 없는 결근이 발생한다면 개인이나 조직의 문제가 무엇인가 발생하였음을 알아야 한다. 이유 없는 결근이 반복된다면 문제는 더욱 심각해졌다는 의미인 것을 깨달아야 한다. 직원의 결근 발생 시에는 면담이나 원활한 커뮤니케이션을 통해 결근의 원인을 우선 파악하여야 한다. 직원들은 학생이 아니다. 리더는 학교의 담임선생님이 아니다. 결근의 원인을 파악하는 것이 그들을 야단치고, 징계하고자 함이 되어서는 안 된다. 그들의 문제를 들어 주고 해결해 주는 입장이 되어야 한다. 야단치고 징계하게 되면 진짜 이유가 감추어지고 결국에는 조직을 떠나갈 수밖에 없게 될 것이다.

직장인이 결근해야만 하는 이유를 리더는 반드시 파악해야 한다. 그저 결근의 결과만을 따진다면 리더가 있을 필요가 없을 것이며, 그런 사람은 리더가 아니라 감독자라고 할 수 있을 것이다. 어려운 상황에 처한 직원들에게는 그들이 문제를 해결할 수 있는 기회를 주어야 한다. 그리고 솔직해질 수 있는 기회도 주어야 한다. 말 못할 문제가 생겨서 결근했더라도 말할 수 있는 기회를 주고 이해할 수 있도록 노력해야 한다.

결근의 원인을 잘 파악하고 제대로 대처한다면 이직을 사전에 감소시키거나 대부분 방지할 수 있음은 물론일 것이다.

# 30 > > > > > 이직의 의도와 징후를 관리해라

한 조직의 경영자로 조직을 운영함에 있어서 적정 인원을 유지 관리하는 것은 매우 중요하다. 더욱이 이직률이 높은 직종이거나 빈번히 입사와 퇴사가 반복되는 조직이나 산업의 경우는 더욱 중요하다. 특히 주로 여성들이 근무하는 많은 서비스업 중 고객 접점 업무를 담당하는 조직의 경우 대부분 채용이 어렵거나 또는 채용이 쉽더라도 이직률이 높아 안정적인 업무 추진을 매우 심각하게 만드는 경우가 많을 것이다.

이직 관리는 참 어렵다. 많은 조직의 리더들은 이직을 막거나 줄이고자 노력하기는 할 것이다. 그러나 특히 이직을 방지하기 위해 강압적인 분위기를 만들거나 이직을 관리하지 못한 이유를 들어 책망하기만 하는 경우, 이직의 징후가 점차 감추어져서 조직의 리더는 사전에 이직 분위기를 눈치채거니 발생 원인을 파악하는 것이 점점 더 불가능하게 될 수도 있다. 조직 내 여러 가지 문제로 또는 마찰로, 아니면 더 나은 직장으로 이직하고자 하는 직원이 계속 발생하고 있다면, 직원들이 생각하고 있는 미래에 대한 비전이나 문제 해결을 위한 아무런 제시가 없으므로 그 직원뿐 아니라 향후 추가적인 이직도 막을 수 없을 것이다. 일반적인 고객 접점 서비스 업의 경우에는 경쟁 기업으로 가더라도 단순히 법적인 제재나 또는 다른 이유를 들어 이직을 막기란 쉽지 않은 것이 사실이다. 이직을 막는 방법은 이직을 못하게 막는 것이 아니라 직원들이 이직할 마음을 갖지 않도록 그들에게 맞는 정책을 제시하고 조직을 일하기 좋은 일터로 만들어 가야 하는 것이다.

이직 관리는 가능한 공개되어야 한다. 직원의 숫자가 많을수록 이직하고자 하는 직원이 쉽게 이직에 대해 이야기하게 하여야 한다. 이직 의사를 밝힐 수 없도록 조직을 강압적 분위기로 이끌어가게 되면 아무도 이직 의사를 사전에 밝히지 않게 되고, 이직이 발생한 다음에야 뒷수습만 하게 되는 것이다. 이것을 속담에 '소 잃고 외양간 고친다'고 하지 않던가. 조직에서는 이직 의도를 사전에 파악하여야 즉시 대체 인원을 확보하거나 이직의 원인을 찾아 미리 방지하는 등 사전에 대처할 수 있는 것이다.

## 면담이나 커뮤니케이션 활성화를 통해 이직의 징후를 사전에 파악할 수 있다.

콜센터 사업본부장 초기, 회사 인근에 K기업의 대형 콜센터가 입주해 왔다. 그 당시 K기업은 우리 콜센터의 10배도 넘는 규모로 많은 인원이 필요하니 대규모 공개채용을 시행하고, 채용 예정자를 공지하였었다. 우리 콜센터는 그 당시 오픈한 지 얼마 안 된 신생 콜센터로 규모도 매우 작을 뿐 아니라 직원이나 지역에서조차 회사에 대한 이미지나 신뢰도를 구축하지 못한 상태였다. 나는 직원들과의 일상적인 커뮤니케이션 속에서 이러한 분위기를 사전에 감지하고 그 내용을 자세히 파악해 보았다. 그 내용인즉 전체 직원 중 약 40여 명이 그해 순차적으로 K기업의 면접에 합격하고 입사가 예정되어 있던 상태였다. 전체 인원이 불과 100명도 채 안 될 때였으니 만약 40여 명이 한꺼번에 조직을 떠난다면 조직의 업무처리는 엄청난 혼선을 불러올 것이 당연시되는 매우 심각한 사태였다. 나는 즉시 관리자들을 소집하고 나와 함께 그 대상자 40여 명을 몇 그룹으로 나누어 1:1 면담을 시작하게 하였다. 회사에 대해 요구 조건이 무엇이고, 무엇이 문제인지, 왜 이직하려고 하는지에 대해 내용을 면밀히 파악하도록 하였다. 모든 면담과 설득을 끝낸 후 40여 명 중 불과 2명을 제외한 모든 인원이 이직하지 않기로 하고, 면담을 종료하게 되었다. 물론 그 후 그 2명 외 추가적인 이직은 발생하지 않았다. 만약 평소 직원들에 대한 면담이나 커뮤니케이션 활성화를 등한히 했다면, 이러한 낌새를 알아차리지 못함으로 인하여 동시에 발생하는 대규모 이직은 막을 수 없었을 뿐 아니라 그 결과 콜센터 운영에도 큰 차질을 불러오게 되었을 것이다. 또한, 면담 과정에서 직원들이 요구했던 많은 사항을 CEO와 협의하여 내부문 개선해 주었음은 물론이다.

조직을 관리하면서 이직 발생이 바람직하진 않지만, 이직하고자 하는 직원들에게는 사전에 쉽게 보고하도록 분위기를 오픈하였다. 자발적인 이직의 경우 타 직종으로도 이직하는 경우가 많지만, 같은 업종의 타 콜센터인 기업, 특히 경쟁 기업으로 이직하는 경우도 많이 발생하였다.

나는 이직 의도가 보고될 때마다 이직 원인을 파악하기 위해 이직 관련 면담을 실시하였다. 업무에 적응하지 못하는 신입사원의 경우는 면담 후 멘토링 제도 등을 추가로 활용하여 업무에 정착할 수 있는 기회를 추가로 제공하도록 조치하였다. 타 지역이나 타 직종으로 이직하는 경우에 이미 직장이 확보되어 있거나 면담을 통해서도 해결되지 않는 경우는 이직을 축하해 주고 편히 이직하도록 바로 조치하기도 하였다. 문제는 인근 동종 업계 콜센터로 이직하는 경우였다. 이 경우 동종 업계의 관리자가 아닌 사원으로 수평 이동하는 경우라면 이직 사유가 급여나 근무 조건이 문제가 아니라 팀 내 문제이거나 동료들과의 불화 문제 등일 가능성이 많으므로 이를 조치하고 적극적으로 이직을 방어하는 면담을 실시하였다. 그러나 동종 업계의 관리자로 승진하여 이직하는 경우는 오히려 공개적으로 축하해 주고 그들을 편히 보내 주었다.

콜센터의 경우 어느 회사든 사원에서 초급 관리자로의 변신은 급여나 기타 대우 면에서 비교할 수 없는 큰 폭의 차이를 보인다. 또한, 콜센터의 조직 특성상 일정 기간이 된다고 연공서열식 승진급이 절대 보장되지도 않는다. 그러므로 타사로 진급되어 가는 직원을 강제로(?) 못 가게 말려서 그 순간 이직을 방어하였다고 하더라도 그 직원에게 걸맞은 대우를 해주거나 요구 조건을 충족해 주지 못한다면, 결국 그 직원은 이직하지 않은 것을 후회하게 되고 조직에 대해 더 큰 불만을 가지게 되거나, 곧 다시 조직을 떠나게 될 것은 명약관화한 일일 것이다. 사원의 입장에서 타사의 관리자로 간다는 것은 인간적인 면에서도 축하해 주어야 할 일이라고 생각한다. 그러다 보니 누구도 표면적으로는 회사를 떠나고 나서도 회사에 대한 불만이나 반감을 제시하지 않았다. 더욱 중요한 것은 타사 관리자로 승진급을 해서 떠나간 여러 직원이 우리 사원들 중 누구에게도 자기 회사로 스카웃하려고 시도한 건이 10여 년간 단 한 명도 보고되거나, 확인된 건이 없었다는 사실이다.

## 이직은 반드시 관리되어야 한다.

이직은 관리되어야 한다. 이직을 관리하지 않으면 갑작스런 이직이 발생할 수도 있으며 경우에 따라서는 갑작스런 대량 이직으로 인해 조직 운영에 치명적 해를 끼치기도 한다. 그러나 이직을 관리한다는 것은 이직을 무조건 막는 것이 아니다. 사실 현대 경쟁 사회에서 무조건 모든 이직을 막는 것은 거의 불가능하다. 이직을 관리하는 것은 사전 이직 의도를 파악해서 원인에 따라 이직을 방지하거나, 이직의 근본 사유가 조직에 있다면 조직의 문제를 해결하거나 사전에 조치하고, 이직에 대한 체계적 예측을 통해 조직의 인력 수급 관리에 활용하여 조직을 안정적으로 운영하게 할 수 있도록 하는 것이다. 이직을 관리한다고 이직하고자 하는 직원이나 그 직원을 관리하는 관리자에 대하여 강압적인 분위기를 만들거나 윽박지르기만 한다면 아무도 이직 의도를 사전에 표출하지 않게 될 것이고 이직 의도를 감추게 됨으로써 조직 내에서 아무런 사전 준비 없이 이직을 맞이하게 될 것이다. 이러한 이직이 단지 1~2명 수준이 아니라, 수십 명의 이직이 한 조직에서 동시다발적으로 발생한다면 어느 조직이든 어떻게 될지 조직의 리더는 예측하고 준비하여야 한다.

이직은 반드시 관리되어야 한다. 이직을 관리한다는 것은 이직을 무조건 막는 것이 아니라 이직 의도를 사전에 파악하고 적절한 조치를 취하는 것이다.

CHAPTER **6**

# 경영자의
# 자기관리 하기

제4차 산업혁명 시대 성공적인 여성 조직 50가지 노하우

# 31 > > > > >  자기 몸가짐과<br>행동을 관리하라

일사불란한 조직, 혹은 활성화된 조직은 어떻게 이루어질까? 조직이 일사불란하고 활성화된다면 당연히 조직의 활동은 조직의 성과로 직접 연결될 것이다. 이러한 조직을 성공하는 조직이라고 할 수 있을 것이다. 성공하는 조직은 리더와 구성원이 혼연일체가 되는 것이다.

리더와 조직의 구성원이 혼연일체가 되는 전제 조건은 리더가 조직 구성원으로부터 존경받을 수 있어야 한다고 생각된다. 다시 말하면 조직의 리더는 구성원들의 표본이고 우상이어야 한다. 리더가 구성원들에게 존경받고 구성원들이 리더를 따른다면 리더의 생각이나 지시가 당연히 일사불란하게 처리될 것이고 조직 구성원 전체가 한마음, 한 방향으로 움직이게 될 것이다. 이렇게 활성화된 조직은 조직의 목표 달성도 더욱 용이히게 이루어서 갈 것은 당연하다고 확신한다. 그러려면 모든 리더가 그렇지는 않겠지만, 성공하는 조직의 리더는 구성원들로부터 그들의 표본이 되어야 하고, 우상이 되어야 한다고 생각한다. 그렇다면 조직의 리더는 어떻게 해야 구성원들로부터 존경받을 수 있을까?

자녀들을 키우면서 아이들의 성적표를 몇 번 들여다본 적이 있다. 아이들의 과목별 성적을 보면 아이들이 좋아하는 과목의 경우 당연히 성적도 좋아지지만, 그보다 먼저 나타나는 것은 해당 과목의 선생님을 아이들이 통상 좋아한다는 것이다. 자녀들을 키우면서 선생님이 보기 싫은데 그 과목을 열심히 하는 경우를 별로 보지 못했다. 어린 아이들이 자기 인생의 목표보다도 선생님이 좋아 그 선생님의 눈에 들어보려고 그 과목을 열심히 하는 경우가 더 많다는 것이다. 심지어는 학생들 중에는 선생님이 좋아 선생님과 같은 전공을 택하거나 장래 희망을 교사로 정하는 경우도 꽤 많은 것을 주변에서 흔히 볼 수 있다. 하물며 회사 조직에서 조직의 리더가 마음에 들면 직원들이 일을 더 열심히 하는 것은 어찌 보면 당연한 것이 아닐까? 그런데 어떻게 조직의 구성원들은 리더를 좋아하게 될까? 혹시 이 글을 읽는 여러분들은 여러분들이 몸담았던 조직, 즉 학창 시절의 학교나 회사의 부서에서 학교의 선생님이나 나의 상사 중 존경하거나 따르고 싶었던 사람들은 어떠했는지 기억하는가?

## 리더에 대한 존경은 몸가짐이나 행동에서 시작된다.

리더가 존경받는 첫 번째 요건은 리더의 몸가짐이나 행동에서 시작된다. 남자들의 사회에서는 가끔 술에 취하거나 혹 실수로 술주정을 하더라도 남자들끼리는 대부분 잊고 넘어가 주는 경우가 있을

지 모른다. 어쩌면 잊고 넘어가 주는 것이 아니라, 동병상련이라고 본인들의 실수한 경험을 기억하고 서로 몰래 퉁쳐 주는지도 모른다. 그러나 이성 간이거나 여성 조직의 경우 리더가 술에 지나치게 취한 모습을 보이거나, 술주정을 과하게 하는 순간 리더에 대한 신뢰감은 이미 먼 길을 떠나버리고 만다. 혹 전날 과음으로 아침까지 술 냄새를 풍기고 있지는 않은지, 입에서 조금 전 피운 담배 냄새가 역하게 배어 나오지는 않는지, 며칠씩 감지 않은 머리나 지저분한 손발톱, 면도하지 않아 덥수룩한 얼굴이나 갈아입지 않은 드레스 셔츠 등이 한눈에 들어온다면 리더의 말을 듣고 있으면서도 한편으로는 '어제 집에 안 들어 갔나?', '왜 이렇게 지저분해?' 하는 생각이 들어오기 시작할 것이다. 특히 술자리에서 여직원들을 상대로 술주정이라도 하게 되면 영원히 조직 구성원들의 마음속에서 배척받게 되는 것이다. 그러한 모습이나 행동이 눈에 들어오기 시작하면 리더로서의 품위를 떨어뜨릴 뿐 아니라 신뢰도 잃게 됨으로 리더들은 먼저 몸가짐이나 행동을 조심해야 한다. 조심해야 하는 정도가 아니라 철저히 관리해야 한다.

사업 본부장 시절 외부로부터 컨설팅을 받을 때 컨설턴트들과 인터뷰한 여직원들을 나중에 면담하였던 적이 있다. 인터뷰를 실시한 여직원들의 반응은 컨설팅에 대한 내용은 대부분 기억하지 못하고 컨설턴트들의 '지저분한 담배 냄새'만을 기억하곤 하였다. 그러한 컨설팅이 과연 여직원들에게 효과가 있었을지 당연히 의문스럽다. 그래서 그 후 외부 컨설팅 시에는 컨설팅을 추진하는 해당 컨설턴트들에게 당사 직원들과 인터뷰 시 담배 피우고 들어오지 말 것을 전제 조건으로 내걸고 컨설팅 계약을 실행한 적이 있다. 사실 이 일로 인하여 해당 컨설턴트들 몇몇은 냄새를 없애기 위해 컨설팅 기간 내내 금연하였다는 이야기를 들었다.

서로 다른 차이나 특성을 보이기도 하지만, 맛집의 전제 조건은 무엇일까? 왜 저 식당은 음식이 맛있는데 손님들이 외면하는 것일까? 음식점을 운영하는 경영자들을 만나 보면 음식 맛이 좋은데 손님이 없다고 하는 사람들이 꽤 있다. 음식이 조금 맛있다고 하여도 화장실이 지저분하다거나 경우에 따라서는 식탁이 지저분하기도 하면, 고객들은 음식조차도 청결하지 않고 지저분하다고 여겨지게 될 것이다. 음식이 이미 지저분할 것이라고 생각되는데, 남들이 주로 찾아다니는 맛집이라 하더라도 음식의 맛을 떠나 그 식당은 곧 인기를 잃고 말게 될 것이다. 음식의 맛도 중요하지만 청결이나 식당의 분위기 등이 다른 고객들이 그 식당을 찾는 전제 조건이 되기도 하는 것이다.

## 매일 매시간 스스로를 점검하라.

조직의 리더가 행동이나 옷차림에 있어 깔끔하지 않다면 그의 말도 깔끔하게 들리지 않을 수 있다. 리더가 반드시 비싼 명품과 같은 옷을 입어야 한다는 것은 아니지만, 조직의 리더는 항상 깨끗하고 깔끔해야 한다. 앞에 선 조직의 리더가 옷이 지저분하고 냄새나고 손톱이나 면도도 안 한 덥수룩한 얼굴 등의 모습을 보이면 이미 리더로서의 품위 손상뿐 아니라 그들에 대한 존경심도 무너지는 것이다. 이미 생각 속에 '지저분하다', '불쾌하다'라는 느낌이 들기 시작하면 어떠한 지시도 들리지 않을 수 있는 것이다. 사람마다 개성이 다르고 취향이 차이가 있다고 하더라도 지저분한 리더보다는 깨끗한 리더에게 더욱 호감이 가지 않을까? 어느 조직의 리더라고 하더라도 몸가짐, 옷차림은 항상 단정하고 깨끗해야 한다. 함께 회식하면서 더러운 손도 안 씻고 식사하는 모습을 보여 준다면 같이 식사할 마음이 이미 떠나 버리고 말지도 모른다. 이미 식사할 마음이 없어졌는데 비싼 요리를 먹은들 그 식사가 즐거울 이유가 없을 것이다.

　리더는 항상 몸가짐이나 옷차림에 신경 써야 한다. 리더는 기본적으로 몸가짐이나 행동에 철저하지 않으면 절대로 존경받지 못한다. 당연히 식사 후 배가 부르다고 아무 데서나 허리띠를 푼다든지 아무 데서나 바지 지퍼를 올린다든지 하는 것은 말할 것도 없고, 술취한 모습, 몸에 밴 담배 냄새, 지저분한 머리, 손톱이나 손의 때, 면도 등이 조직 구성원의 리더에 대한 존경 여부와 연결됨은 말할 것도 없다. 리더에 대한 존경이 무너지고 나면, 이 결과는 당연하게 조직의 성과나 명운에도 영향을 미치게 될 것이다.

　매일매일 매시간 스스로를 점검하라. 옷차림이 지저분하고 행동이 엉망이라도 여성들로부터 사랑을 받을 수 있는 사람은 그들의 자녀나 가족밖에는 없다는 것을 리더는 항상 명심해야 할 것이다.

# 32 > > > > > 　　　　　　반드시 점검하라

　1인 기업 이외의 어떠한 조직도 권한 이양 없이 기업을 경영한다
는 것은 불가능하다. 권한 이양이 없는 조직에는 성장이나 미래가
없을 뿐 아니라 당장 조직의 생존이나 유지에도 문제가 있을 수 있
다. 권한을 이양하지 않는다면 리더 혼자 조직의 모든 일을 직접 결
정하고 처리해야 하는 것으로 성장이 없는 죽은 조직과 같을 것이
다. 권한 이양은 리더의 능력의 폭이다. 권한 이양을 잘하고 많이
할수록 리더의 능력의 폭은 넓어진다. 누구에게나 하루 주어진 시
간은 똑같이 24시간이지만, 리더의 권한 이양의 폭이 커질수록 리
더가 쓸 수 있는 시간은 점점 커져서 무한대가 될 수도 있다. 아무리
능력 있는 리더라도 혼자서 할 수 있는 일의 폭은 한계가 있지만, 권
한 이양을 확대하고 잘 운영한다면 그 리더의 폭은 무한히 넓어질
수 있다는 것이다.

　단 권한 이양은 시스템적으로 해야 한다. 시스템적으로 권한 이양
한다는 것은 권한 이양과 함께 반드시 점검이 행해져야 한다는 것

이다. 점검하지 못하거나 점검하지 않는 권한 이양은 그저 대책없이 어린아이에게 운전대를 맡겨 버리는 것과 같다. 우리는 이미 역사 속에서 많은 탐관오리들이 왕으로부터 이양받은 권한을 함부로 사용해서 백성들의 재산을 수탈하고 결국은 나라를 망치게 하는 일들을 수없이 경험해 왔다. 또한, 최근 신문에 자주 오르내리는 뉴스중 여러 금융권에서 창구의 직원들이 대형 금융 사고를 내는 일들을 우리는 여러 번 보고 들었다. 어떠한 조직도 이양된 권한의 행사결과를 점검하지 않으면 권한을 이양받은 자들이 마음대로 권한을 사용해서 결국 조직을 분해하거나 손실을 끼치게 하고, 무너지게도하는 것이다. 즉 점검은 권한 이양의 결과를 확인하고 담당자의 지나친 월권을 제어하는 중요한 도구인 것이다.

## 점검은 사전 계획에 의해 체계적으로 해야 한다.

사업본부장 시절, 필자가 관리해야 하는 직원은 500여 명이나 되었었다. 500여 명을 관리하려면 그들에 대해 매월 면담을 하거나 교육, 육성을 하는 것은 물론 업무 처리 결과를 점검해야 하는데 혼자 힘으로는 절대 불가능한 인원수였다. 면담에 대해서는 면담 일지 양식을 만들어 30여 명의 초급 관리자가 팀 소속 직원들에 대하여 매월 면담을 실시토록 하고 면담 일지를 기록하게 하였다. 물론 특이한 사항은 수시로 보고토록 하였다. 또한, 목표 관리나 교육에 대하여도 업무 및 목표 관리 일지를 만들어 작성토록 하고 점검하게 하였다. 교육 및 육성은 교육 담당 관리자로 하여금 교육 시행

결과를 세부적으로 나누어 매월 보고토록 하고 교육 수준이 떨어지거나 결과가 저조한 직원이나 팀은 별도로 구분하고 추가 교육을 실시하게 하였다. 또한, 500여 명을 3개 그룹으로 나누어 그룹마다 그룹장을 두고 월 1회 각 팀의 면담 일지와 업무 및 목표 관리 일지를 점검하게 하였다. 초급 관리자나 그룹장의 목표에 점검 관련 업무에 대한 조항을 의무적으로 평가토록 하였음은 물론이다. 그저 나는 1년에 몇 번 무작위로 팀을 지정하고 직원에 대한 면담 일지나 업무 및 목표 관리 일지를 점검하면 되었다. 이미 그룹장들이 꼼꼼히 점검한 터이기 때문에 본부장인 내가 추가로 점검한다는 인식만으로도 모든 업무는 성실히 진행되었을 것이다. 모든 관리자에게 일에 대한 자율권을 주도록 하여 권한 이양을 하였지만, 지속적인 점검 및 관심은 전 사업본부의 업무가 제대로 돌아가는 데에 부족함이 없었다.

사실 이러한 점검 이전에 중요한 것은 조직 운영에 대한 기본 철학이 중요하다고 생각된다. 필자는 조직 운영의 최우선 기본 철학으로 '정직'을 항상 꼽고 있는데, 이는 권한 이양과 그 점검 시스템에 정직을 기본 운영 체계로 도입했다는 의미이다. 업무에 실수하거나 목표 관리에 실패한 것은 용납해도 정직하지 않아 벌어진 일에 대해서는 반드시 사안에 따라 누구도 예외 없이 징계 절차를 거쳐 처리하였다. 회사나 고객에게 거짓말하는 직원, 거짓 보고나 거짓 실적을 만드는 직원, 시험 자료를 유출하는 직원 등 정직하지 않은 사고에 대해서는 언제나 강하게 질책하였다. 이미 일의 진행을 점검하여 왔으니 일이나 목표 관리의 수준이 파악되어 있는 상태라 실수나 실패는 용납할 수 있었지만, 거짓말로 또는 거짓 실적으로 위기를 모면한다는 것은 나중 큰 책임이 따르도록 조처했더니 대부분 직원들은 점검 시스템에 정직하게 대처하고 잘 적응하였었다.

## 점검하지 않는 리더는 조직에 필요 없는 리더이다.

조직에서의 권한 이양은 조직의 생존이나 유지, 성장과 깊은 관계가 있다. 즉 권한을 이양하지 않으면 조직은 생존하거나 유지되거나 성장하지 못한다. 그러나 점검하지 않는 권한 이양은 새롭게 숨겨진 권력을 형성하고, 조직을 무너뜨리는 주요 요인이 되기도 한다.

권한 이양은 반드시 해야 한다. 그러나 권한 이양의 과정이나 결과를 반드시 점검토록 하여야 한다. 그리고 권한 이양의 행사에 자율권을 주되 점검도 시스템적으로 이루어지도록 하여야 한다. 작은 것부터 점검하지 않고 방심하면 나중 큰 것을 놓치게 됨을 명심해야 한다. 또한, 점검하지 않으면 권한 이양받은 자들이 월권하게 될 뿐 만 아니라 조직의 구성원들로부터 리더의 무관심이나 방임으로 오해받게 될 것이다. 우수한 조직일수록 리더의 방임은 조직을 더욱 자율적으로 성장시킬 수 있는 중요 요소인 것만은 틀림없다. 그러나 점검 없는 방임은 그 리더를 필요 없는 리더로 만들 뿐 아니라 배가 산으로 가는 결과를 낳게 될 것이다.

**33** > > > > > 짝사랑의 대상이 되어라

요즈음 연예인들은 인기에 따라 규모가 다르기는 하지만 많은 팬클럽을 가지고 있다. 팬클럽이라고 하는 것은 자기가 좋아하는 대상 또는 자기가 되고 싶어 하는 대상에 대한 충성심을 나타내는 집단이다. 어찌 보면 짝사랑이고 어찌 보면 환상에 대한 집착인지도 모르겠다. 그래서 연예인들 중 인기가 탁월한 젊은 연예인들을 우상, 즉 아이돌idol이라고 하기도 한다.

학창 시절의 경우 학교를 다니면서 많은 학생이 한두 번씩은 선생님에 대한 짝사랑을 경험하기도 한다. 그렇다고 그러한 짝사랑의 대상인 선생님과 결혼하는 경우는 거의 없다. 주변에 짝사랑하던 선생님과 결혼했다는 얘기는 한 번도 들은 적도 없고 그냥 혼자서 선생님으로부터 더 많은 관심을 받기 위하여 더욱 공부를 열심히 하거나 더 많은 질문을 하거나-뭐 이것도 더 열심히 공부해야 할 수 있는 일이기는 하다.-등의 행동으로 나타나는 것이 일반적인 모습일 것이다. 조직에서도 구성원들이 리더에게 관심받기를 열망하게 되면, 즉 조직의 리더를 짝사랑하게 되면 조직 리더의 힘이 가장 강력하게 발휘되지 않을까 생각된다.

## 구성원들에게 환상을 심어 주어라.

리더가 학창 시절 짝사랑의 대상인 선생님처럼 조직원들이 리더로부터 관심받기를 열망하게 하는 것은 그들에게 환상을 심어 주는 것이다. 환상을 심어 주는 것은 조직의 구성원들에게 짝사랑의 대상이 되는 것이다. 짝사랑의 대상이라는 것이 남녀 간 사랑의 의미가 아니라 그저 리더를 조직 구성원의 아이돌, 즉 우상으로 만드는 것이다. 조직의 경우 조직 구성원들에게 리더로서의 환상을 줄 수 있다면 자연적으로 개인들마다 스스로 동기부여 되어 구성원 모두가 사력을 다해 전력투구할 것이며 조직의 성과도 분명 향상되고 달라질 것이다.

학창 시절 짝사랑의 대상이었던 선생님들의 특징은 무엇이었을까? 학생들이 꿈꾸던 선생님과의 짝사랑에 대한 환상은 무엇이었을까? 조직 리더의 경우 구성원들에게 환상을 주는 방법은 첫째, 깔끔함이다. 항상 복장이 단정하고 깨끗해야 한다. 사람마다 또는 조직의 특성마다 개성적 차이가 있다고 하더라도 리더가 항상 구멍 뚫린 청바지나 노숙자 같은 허름한 옷을 입고 앞에 선다면 리더로서 존경받기 어려울 것이다. 직업이나 업무에 따라서는 넥타이를 매지 않고 자유스러운 복장을 하기도 하겠지만, 그렇다고 하더라도 코스프레하는 듯 너무 튀는 모양의 옷이나 노숙자 차림의 옷은 조직의 구성원인 상대방을 인정해 주지 않는 것이라고 볼 수도 있다.

특히 공식적으로 강의나 지시, 조회, 회의 등으로 앞에 서야 하는 경우는 더욱 의상에 신경 써야 한다. 필자는 본부장 시절 강의를 하는 강사들의 복장에 항상 제한을 두었다. 강사의 복장은 항상 정결해야 한다는 것이었다. 강사들의 복장이 정결하면 수강생들의 받아들이는 태도나 수업의 효과도 달라진다는 것은 경험상 당연하다고 생각한다.

두 번째는 예의 바름에서 나오는 배려이다. 리더는 항상 신사처럼 행동하고 예의 바른 모습을 보여야 한다. 예의 바르다는 것은 여성 직원들을 단순히 부하 직원이 아닌 숙녀로서 또는 공주처럼 대우해 주는 것이다. 부하 직원이지만 먼저 자리를 양보해 주거나 길을 비켜 주는 것도 좋은 방법일 것이다. 무거운 것이 있다면 부하 직원이라도 대신 들어 주는 것이다. 내가 관리하던 조직에서 정수기의 물이 떨어졌을 때 내 눈에 띈 경우에는 항상 내가 가서 먼저 물을 교체해 주기도 하고, 무거운 짐을 들었을 땐 도와주려고 먼저 다가갔었다. 그러한 것이 직원들로 하여금 더욱 나에 대한 경계심을 없애고 친근해지는 계기가 되었을 것이다. 경계심이 없어졌다고 나를 막 대하는 것이 아니라 자기들의 고민을 쉽게 털어놓기도 하고 요구나 불만의 문제들을 쉽게 오픈하였으며, 오히려 더욱 열심히 일을 해 주었던 것으로 기억한다.

## 남편처럼 연인처럼 오빠처럼 행동하라.

여성 조직의 리더가 조직의 구성원들에게 환상을 주는 것은 그들에게 짝사랑의 대상이 되는 것이다. 그러기 위해서는 그들의 마음속에 들어가야 하며 그들의 마음을 읽어야만 한다. 여성 직원들로부터 짝사랑의 대상이 되는 것은 그들과 연애하라는 것이 절대 아니다.

필자는 10년 가까이 근무하던 콜센터 사업본부장을 그만두면서 이임사를 하던 날 이렇게 이야기하였던 것을 기억한다.

"감사하게도 여러분들과 때로는 연인처럼, 때로는 누이처럼, 때로는 아내처럼 지내왔다."

물론 스킨십이나 이성적인 문제는 없었지만, 그만큼 그들을 사랑했고 배려해 왔다는 얘기이다. 그 반면엔 그들에게 정말 사랑을 많이 받았고, 그 결과 업계 최저 수준의 이직률과 최고 수준의 채용 접수율을 나타내었으며, 타사로부터 많은 벤치마킹 요청을 받았었던 시절이 있었음은 그 말을 잘 대변해 주고 있는 것으로 보인다.

여직원들에게 환상을 주어라. 그들의 짝사랑의 대상이 되어라. 그들의 마음속에 오빠가 되고 남편이 되고, 연인이 되어라. 그들 편에 서라. 분명히 조직의 힘이 배가 될 것이다.

# 34 > > > > > 책임을 회피하지 마라, 책임을 전가하지 마라

조직의 경영자나 리더가 하는 역할들이 반드시 즐겁거나 좋은 것만은 아니다. 왜냐하면, 조직의 경영자나 리더는 언제나 조직 운영에 관한 모든 책임을 져야 하기 때문이다. 조직이 발전하고 잘 성장해 나가는 경우는 좋은 결과를 나타내지만 조직의 성과가 좋지 않거나, 잘못된 결정으로 일의 실패를 가져오는 경우 누군가는 일의 결과에 대하여 반드시 책임져야 한다. 당연히 조직에서의 일로 인한 결과라면 조직의 최고 책임자인 리더는 그 실패의 책임에서 벗어날 수 없다.

누구나 일을 하다 보면 일을 성공적으로 수행하는 경우도 있지만, 일에 대해 실패를 경험하고 책임져야 하는 경우도 있다. 조직의 리더의 경우는 본인의 업무 성과에 대해서도 책임져야 하지만 부하 직원의 업무 성과에 대하여도 당연히 책임져야 한다. 부하 직원들의 일의 결과에 대하여 책임지지 않는 리더는 이미 리더가 아니다. 부하 직원들이 수행하는 모든 일은 리더에게 이미 보고되었거나,

결재를 득하였을 것이고, 혹 보고나 결재되지 않았다 하더라도 적어도 묵시적으로는 조직의 모든 일은 리더의 동의하에 진행되었음이 틀림없으니, 당연히 리더가 책임을 져야 할 것이다.

## 책임지지 않으면 모두가 떠나가고 혼자만 남을 것이다.

리더라고 하는 경영자나 책임자 중에는 조직의 실패에 대하여 책임지지 않는 사람이 의외로 많다. 한때 함께 근무하던 B부장은 부하들에게 지시를 해서 실행했다가 결과가 잘된 일은 모두 본인이 한 것으로 보고하고, 잘못된 것은 부하의 책임으로 돌리기에 급급하였다. 일이 잘못 틀어졌을 경우마다 부하 탓으로 전가하는 데에 항상 혈안이 되어 있었다. 절대 잘못된 일에 대하여 책임지는 모습을 보이지 않았다. 상당히 능력 있는 사람이었지만, 아무도 그를 따르지 않았고, 아무도 그의 편에 서지 않았다. 모이는 사람마다 대화 중에 언제나 B에 대해 반감을 갖거나 안 좋게 표현을 하였다. 나중에는 모든 이들이 그와 같이 근무하고 싶어 하지 않았다. 주위에 따르는 부하 직원이나 친한 동료가 한 명도 남지 않았을 뿐 아니라 개인적인 능력이 출중하여 나중에라도 훨씬 더 나은 성과를 낼 수도 있었을 텐데 하는 아쉬운 마음이 남기도 하였다.

어느 해 L은 영업 본부의 새 임원으로 발령받아 왔다. 영업이 꽤나 어려운 때였으나, 지점장들과 합의하여 그해의 목표를 함께 정하고, 이것저것은 임원 선에서 지원하기로 합의하고 그해를 시작하였다. 그해 연말이 되었을 즈음에는 전국의 시장 상황이 워낙 불경기인 때라 어느 지점도 제대로 목표를 달성하기 힘든 상태가 되었다. 이러한 영업 실적 결과에 대하여 본사로부터 추궁을 받게 되자 L은 본인은 목표 합의에 전혀 개입하지 않은 양, '그건 지점장들이 알아서 결정한 것'이라고 본인은 아예 모르는 척 오리발을 내밀기만 하였다. 그때는 나라 경제 자체가 너무 어려워 모든 지점이 다 목표를 미달하던 시절이라, 커다란 책임지는 일 없이 모든 일이 그냥 그 상태로 넘어갔지만, 그 후 어느 지점장도 L과 점심조차 같이 하지 않게 되었고, 신뢰할 수 없는 사람이 되어 버렸다.

업무 위탁을 받아 일을 처리하다 보면 업무를 위탁한 위탁사나 해당 부서로부터 많은 압력을 받는 것이 일반적이다. 사업을 책임지는 본부장인 내가 아니라 초급 관리자나 말단 직원에게까지 그들이 직접 압력을 행사하려는 경우가 꽤 많았다. 심지어 위탁사의 경우 수탁사 직원의 사소한 실수까지도 무조건 직원을 해고하려고 하였다. 관련 노동법에서조차 그런 조치가 불가한 경우인데도 불구하고, 고객의 조그만 민원이라도 받게 되면, 눈에 불을 켜고 책임지라고 해고하라고 난리를 치기 일쑤였다. 갑질도 보통 갑질이 아니었다.

나는 사업본부장으로 모든 것을 차단하고 채널을 일원화시켰다. 그리고 직원들이 잘못한 경우라도 그들이 요구하는 무리한 징계나 해고 요구를 들어준 적이 한 번도 없다. 답은 언제나 '우리 회사의 규정대로 한다'였다. 물론 회사 규정이 그 정도 일에 대한 결과에 대하여 징계해야 하면 징계하고, 해고해야 하면 해고를 하고자 하였다. 그리고 일원화한 채널을 통해 그들과 직접 대면하고 문제를 해결하였다. 만약 책임을 져야할 문제라면 책임지겠다는 의도로……

그러나 수탁 업무의 성과가 괄목할 만한 것이 다행인지 몰라도 10년 가까운 사업본부장 시절 동안 단 한 번도 직원을 해고해야 하거나, 내가 책임을 지고 물러날 정도의 큰일은 발생하지 않았다. 그러나 크게 얻은 것은 직원들이 누구보다도 회사나 본부장의 지시에 철저하게 순응하였고, 충성을 다하는 모습을 보여 주었었다.

## 책임지는 리더가 존경받는다.

리더로서 조직의 일의 결과에 대하여 책임지지 않고 다른 사람들에게 더구나 부하 직원들에게 책임을 전가한다면 혹 그 순간을 모면할 수 있을지는 모른다. 그러나 평생 아무에게도 존경받지 못하는 리더가 될 것이다. 그러나 진정한 리더라면 조직이 하는 모든 일에 모든 책임을 져야 한다. 진정한 리더는 잘된 것은 부하의 공으로, 잘못된 것은 리더의 책임으로 돌리는 리더이다.

진정한 리더가 되면 모든 이들로부터 존경받게 될 것이고, 위기가 닥칠 때마다 누군가 리더를 대신하여 목숨을 걸게 될 것이다. 그리고 모두가 진심으로 충성하게 될 것이다. 직원들이 리더에게 진심으로 충성하는 조직의 성과와 나쁜 리더로 직원들에게 따돌림받는 조직의 성과 중 어느 것이 더욱 좋은 결과를 가져올지는 굳이 비교하지 않아도 쉽게 알 수 있지 않을까 생각한다.

어쨌든 충성을 받는 좋은 리더가 될 것인가, 책임을 회피하고 비굴한 리더로 남을 것인가는 리더 본인의 선택일 수밖에 없을 것이다.

# 35 > > > > > 기념일에 모두에게
# 선물받는 것을 즐거워하지 마라

직장 생활 기간 조직의 구성원이 주로 여성인 조직의 관리자로 근무하다 보니 기념일이 되면 여직원들로부터 많은 선물을 받았던 듯하다. 한때는 발렌타인 데이나 내 생일이 되면 꽃이나 카드와 다양한 선물들이 책상 위에 언제나 넘쳐나기도 하였다. 과장 시절 우리 부서 내에서 언제나 내 책상만 꽃과 선물이 넘쳐 났었다. 그때는 왜 그들이 나에게 그렇게 선물하는지 눈치조차 채지 못했었다. 젊은 시절은 그게 자랑이기도 했고, 받아 든 초콜릿 등을 다른 동료들과 나누어 먹기도 하였다. 그러나 누가 무엇을 보냈는지는 하루 이틀이면 다 잊어버렸다. 선물을 주는 사람은 자기를 기억하라고 주었겠지만, 그렇고 그런 선물에…… 경우에 따라서는 아주 이쁘고 특색 있는 선물들도 많았지만 그걸 일일이 기억하는 것은 불가능할 정도로 어려웠다.

기억을 못 해도 가끔 넥타이나 드레스 셔츠 같은 경우는 번갈아 한번씩 입고 출근해야 했다. 맘에 안 들어 단 한 번도 안 입으면 어느 날엔가 나도 모르는 순간에 비수 같은 화살이 내 뒤통수를 향해

날아오기 때문에 잘 입고 다녀야 했었다. 아내는 가끔 "당신 직원들은 당신을 할아버지나 아버지 정도로 보나 봐. 스타일이 전부 노인 스타일이야."라고 놀리기도 하였지만 그냥 그렇게 잘 입고 다녔었다. 젊은 시절 아내는 선물이 많은 나를 본인에게는 별로 잘 하지도 못하면서 여직원들에게만 잘 한다고 좀 투덜거리기도 했지만, 평생을 여성 조직을 관리하다 보니 어느덧 당연시하게 되었던 듯도 하다.

## 직원들 선물이 많음은
## 내가 공평하지 못하다는 증거일 수도 있다.

콜센터 사업본부장으로 발령을 받고 얼마 안 되어 명절이 되었다. 명절 전에 고향으로 출발하기 전에 명절 인사차 내 사무실로 중간 및 초급 관리자들이 우르르 몰려 왔었다. 수십 명의 관리자 중 남자 관리자라곤 불과 한두 명밖에 없던 시절이었다.

인사를 받으려고 방문 앞으로 나가서 내가 본 광경은 가히 나를 당황하게 하였다. 그들은 모두가 손에 손에 선물 꾸러미와 꽃다발 등을 들고 서 있었던 것이다. 내 눈엔 꼭 줄 서서 무엇을 상납하는 것 같은 모습으로만 비쳤다. 선물은 홍삼에 한과에 과일, 옷, 넥타이 등등 별별 것이 다 있었으며, 셀 수도 없이 많았다. 가격대도 대부분 나 부담스러운 수준이었다. 그 모습을 보는 순간 고마움보다는 뇌물 같은 느낌을 받았다. 내게 왜 뇌물을······.

남자들은 상사에게 선물을 개별적으로 잘 하지도 않지만, 꼭 보내야 하는 경우라면 여러 사람이 돈을 십시일반해서 선물을 구매하고 보통 선물을 집으로 보낸다, 그것도 아주 드물게. 사실 나도 직장 생활 30여 년 동안 상사에게 개인적으로 선물한 경우는 기억에 거의 없었으니까 다른 남자들도 거의 같지 않을까 생각한다.

그런데 여직원들은 개인적으로 선물하는 경우가 무척 많았던 듯하다. 그게 여성들의 과시욕인지 질투인지는 알기 어렵지만, 일단 가져온 것이니 안 받을 수도 없고……, 받고 나서 나도 즉시 마트에 가서 작지만, 김이나 참치캔 같은 저가 선물 수십 개를 사서 하나씩 나누어 주었다. 받았으니 보답한 것이다.

그리고 명절이 지난 다음 모든 관리자들을 소집했다. "앞으로는 이렇게 각자 선물하지 말아라. 명절이나 기념일에 선물하고 싶다면 다들 모아서 하나만 해라. 하나는 내가 받으마. 각자는 하지 마라." 하고 이야기했다.

그 뒤부터는 때가 되면 모두 십시일반해서 선물을 단 한 개로 집약해서 가져왔다. 관리자가 수십 명이니 한 사람당 불과 몇천 원도 안 되는 정도라 그 정도면 받는 나도 부담이 별로 없었다. 그들도 그 후부터는 크게 부담되지 않았을 것으로 생각된다. 또한, 그 안에는 직원 간 차별도 질투도 다른 부탁도 아무것도 들어갈 수 없었다. 그러니 선물을 받은 데에 대하여 내가 기억해야 하거나 나중 부탁을 들어주거나 할 부담도 전혀 없었다. 그러한 일은 내가 본부장에서 물러날 때까지 수년간 같은 방법으로 지속되었다.

여성들은 상대방에게 선물을 잘 한다. 그러나 상사에게 꼭 감사해서 선물을 하는 것은 아니라고 생각된다. 물론 감사해서 선물을 하는 경우도 많겠지만, 여직원들은 그중 일부만 선물하는 것이 아니라 거의 모두가 빠짐없이 다 선물을 하는 것이다. 그 이야기는 어느 조직이나 상사를 좋아하는 사람도 있고, 싫어하는 사람도 있는데, 상사를 아주 싫어하진 않더라도 좋아하지도 않는 직원까지 선물을 한다는 것이다. 왜 감사하지도 않고 좋아하지도 않는데 선물을 할까?

일례로 자녀들을 학교에 보내면서 지금은 많이 없어졌다고 생각되지만, 선생님에게 촌지를 보내는 것이 아주 당연시되었던 적이 있었다. 물론 자기 자녀를 담당하는 선생님을 존경하거나 감사해서 촌지를 하는 경우도 없지는 않았겠지만, 그 외의 다른 부모들은 왜 촌지를 경쟁하듯 보냈을까? 그녀들 생각에는 촌지를 보내지 않으면 우리 아이에게 꼭 불이익이 올 것만 같은 생각에 촌지를 보내지 않았을까?

또 하나는 촌지를 보내는 다른 아이의 엄마에게 질 수 없어 촌지를 보내는 것이다. 촌지를 보내려는 아내와 함께 산다면, 집에 돌아가거든 아내에게 물어보라. 촌지를 받는 그 선생에게 얼마나 감사하느냐고? 설마? 지금은 다 없어졌을 것이라고 생각하지만……, 회사 내에서도 별로 상사에게 선물하고 싶지 않은데, 남들이 다 하는데 나만 안 하면 혹 찍히지 않을까? 걱정되거나, 아니면 상사에게 선물을 준 동료를 질투해서 해야 하는 것이다.

여직원들이 선물하는 것은 상사에게 감사해서 선물하는 것이 아니라 선물 주는 동료를 질투해서 선물하는 것이다. 그렇지 않다면 상사가 실제로 차별대우하는 것이 분명할 것이다. 그러나 선물의 규모가 몇천 원 하는 것도 아니고, 경쟁하듯이 선물을 하다 보면 직원들 입장에서는 선물이 아니고 반드시 내야 하는 세금이고, 받는 사람 입장에서도 분명 뇌물일 수밖에 없는 것이다.

## 존경과 감사가 담기지 않은 선물은 분명 뇌물이다.

상사에게 주는 선물은 직원들 입장에서는 피눈물일 수도 있다. 선물하기 싫은데 선물하는 것이 피눈물이 아니겠는가? 그러니 선물에 대한 직원들의 부담을 자유롭게 해야 한다.

선물을 받은 상사는 누가 무슨 선물을 주었는지, 언제 주었는지조차 기억하지 못해도 여직원들은 언제 무엇을 주었는지 잘 기억하고 있을 것이다. 학교에 가져가던 촌지가 선생님에 대한 고마움의 표시가 아닐진대 하물며 직장 상사에게 주는 선물은 선물이 아니고 분명 뇌물일 수밖에 없다. 받는 사람은 단순한 선물이라고 생각할 수 있을지 모르나 주는 사람의 마음은 촌지와 같이 분명 뇌물이다. 그들이 뇌물 대신 요구하는 대가는 받은 사람이 한 번 더 내게 관심 가져 주기를 바라거나, 나를 다른 사람과 차별대우하지 않기를 바라면서, 또한 동료에게 뒤떨어지지 않기를 바라는 것이다.

전 직원이 가져오는 선물은 틀림없는 뇌물이다. 선물의 맥을 끊어라. 선물의 부담을 자유롭게 하라. 그것이 상사로서 존경받는 일 중 가장 중요한 일일 수도 있다고 나는 확신한다. 기념일마다 여직원들 모두에게 선물받는다고 결코 자랑하지 마라. 존경과 감사가 담기지 않은 선물은 선물이 아니라 그저 뇌물일 뿐이다.

# 36 >>>>> 경영자나 조직을 망치는
# 1순위는 심복임을 절대 잊지 마라

어느 조직이나 그 조직의 책임자로 있다 보면 여러 부하 직원 중에서 특히 맘에 드는 직원이 있다. 책임자의 지시에 잘 순응하고, 열심히 일하며, 좋은 성과를 내는 직원들에 대하여 리더들은 그들에게 관심을 보이기도 하고 다른 직원들보다 더욱 좋아할 수밖에 없는 것은 어찌 보면 매우 당연한 일이다. 하물며 여성 중심 조직의 경우에는 여기에 덧붙여 리더에게 더욱 친근하게 하거나, 업무 능력이 아주 탁월한 경우 또는 외모 등이 뛰어난 경우 더욱 관심이 갈 수밖에 없을 지도 모른다. 사람은 대상에게 관심이 가면 거기에 맞추어 행동을 하게 된다.

조직의 CEO나 리더가 어떤 직원이 맘에 들어 관심을 가지게 되면 그 직원에게 특별히 친한 행동을 보이게 되는 것은 당연할 수도 있다. 그 직원과 자주 식사하거나 별도로 술자리를 갖는다거나, 다른 사람과 달리 다정하게 대하기도 하고, 또는 다른 사람이 보고나 건의할 때는 반대하다가도 그 직원이 주장하는 사항은 많이 부족한 경우라도 들어 주는 경우가 많다. 그러다 보면 그 직원을 중심으로 새로운 권력이 생기게 되고, 자연스럽게 월권을 하게 될 뿐 만 아니라, 직원 간 소문도 내게 된다. 이런 사람을 보통 심복이라 하고 그 뒤에 연결되는 고리를 줄이라고 하는 것 같다. 그 줄은 다른 직원들의 행동엔 과연 어떻게 영향을 미칠까?

## 심복의 말만 들으면 새로운 권력이 생긴다.

내가 경험한 CEO 중 대조적인 두 분의 CEO가 있었다. 둘 다 이른 바 심복이라고 할 수 있는 직원들이 있었다. A CEO는 심복이 거의 공개적으로 드러나는 경우였으며, 모든 일을 심복의 말만 들었다. 다른 라인에서 올라오는 보고는 묵살하였다가도 심복이 그대로 보고한 내용들은 통과되고 심복인 직원들의 보고만 신뢰하였다. 그러다 보니 A가 공식, 비공식으로 인정하는 심복이라는 직원들은 회사 내에서 많은 권력을 남용하여 행사하였을 뿐 아니라 월권행위도 서슴없이 저질렀다.

타 부서에 대하여 부리는 횡포나 협박은 이루 말하기 어려운 정도였으며, 심지어는 A가 지시한 사항이라고 타 부서에 A의 이름으로 지시 또는 전달하며, 일을 진행하였다. 그러나 A가 타 부서의 보고는 받지 않으니 그 일의 진행이 정말 A의 지시인지 아닌지에 대하여는 타 부서에서는 사실 여부조차 확인할 길이 없어 그 말대로 순응하는 수밖에 도리가 없었다. 여러 부서에서는 일이 진행되기 위해서 보고를 하려면, A를 직접 접촉하기는 어려우므로 결국 심복이라는 직원들을 통해야만 했다. 당연히 그들에게 줄을 서거나, 아니면 뇌물이라도 쥐여 주거나 접대를 하거나 등등 온갖 비리의 온상이 되었음은 물론이다.

B CEO에게도 심복이라는 직원들이 있었으나, 크게 드러나지 않았으며, 모든 문제를 결정할 때는 심복들의 의견뿐 아니라 두루두루 의견을 구하고 결정하였다. 특히 직원들에 대한 나쁜 보고나 소문들이 생기는 경우 보고를 받아도 반드시 여러 경로를 통해 그 소문에 대해 다시 점검하고 행동을 결정하였다. 따라서 심복이라고 해도 거짓 보고를 했다가는 본인들이 쫓겨날 판이라 언제나 보고하는데 조심할 수밖에 없었다. B의 지시는 항상 명쾌하였다. 심복을 통해서 지시를 해도 공개적으로 하였으며, 반드시 점검하였으므로 심복이라는 직원들이 B의 이름으로 권력을 남용하거나 월권한다는 것은 상상조차 하기 어려웠다.

B는 그 후에 회사 전체에서 거의 모든 직원에게 존경받는 CEO가 되었으나, A는 직원들 옆을 지나칠 때도 심복이라는 직원들 외엔 모두가 슬슬 피하기만 하였으니 존경받는 CEO라고 할 수는 없었을 것이다. 그러한 여파인지는 직접적으로 말하기는 어렵지만 그 후 A가 운영하던 시절, 그 회사가 타 회사에 소유권이 넘어가 버렸으니 참 아이러니하기만 하다.

## 심복이라고 인정되는 순간부터 그들로부터 월권이 생긴다.

특히 여성 조직의 CEO나 리더 중에서 일부의 직원들과 친하게 지내거나 또는 친한 척을 하는 경우가 많이 있다. 누구나 자기에게 잘

하고 충성스러운 부하가 맘에 드는 것은 당연하다고 생각된다. 더욱이 여성 조직의 경우는 남성들보다 친화력이 강해서 CEO나 리더가 쉽게 오해할 만큼의 친근한 행동을 하는 것을 잊어서는 안된다. 특별히 가깝지 않은데도 친근한 행동으로 오해해서 남들보다 더 가깝게 대하는 데 문제가 생기는 것이다. 그러한 일이 몇 번 반복되면 그 직원들에 대해 통상 심복이라고 소문이 나기 시작한다.

거기서 그치지 않고 CEO나 리더가 남들과 같이 특별히 그들을 친한 척하거나 그들의 말만 신뢰하거나 보고 채널을 제한하거나 하면 그 심복이라는 직원들을 통해 새로운 권력이 생긴다. 또한, 그 직원들은 본인들이 심복이라고 일부러 소문을 내어 새로운 권력을 형성하기도 한다. 그리고는 쉽게 월권을 하기도 하고 권력을 남용한다. 심지어 "CEO가 이렇게 지시했다."라고 아무도 확인할 수 없는 사항을 들고와 조직을 좌지우지하기도 하는 것이다. 다른 직원들은 일처리하기 위해 그 심복들을 경유하지 않으면 안되게 될 뿐만 아니라 그 심복이라는 직원들이 결국 조직 전체의 의견이나 보고를 여과해서 자기들 입맛에 맞는 내용만 CEO나 리더에게 전달되도록 함으로 CEO나 리더의 눈과 귀를 막고 그릇된 판단을 하게 하는 것이다.

내 마음에 든다고, 나의 말에 순응하고, 좋은 실적을 낸다고, 공개적이든 비공개적이든 직원들과 너무 친한 척하지 마라. 그들의 말만 옳다고 생각하지 마라. 그들의 말만 충성스럽다고, 또는 진실되다고 착각하지 마라. 내가 심복을 만들면 그리고 그들에게 작은 권력이라도 쥐여 주면 그들 스스로 새로운 권력으로 확장될 것이고, 월권을 할 것이고, 뇌물을 받을 것이고, 결국 조직을 망칠 것이다.

# 37 > > > > > 직원들을 함부로 대하지 마라

사람마다 차이가 있다고 하더라도 대부분 여성은 남성에 비해 처음 만나는 사람들에 대해서도 매우 높은 친화력을 잘 나타낸다. 또한, 여성들이 처음 만나는 상대방도 별로 거부감 없이 여성들의 친화력으로 표현된 행동들에 쉽게 반응하고 잘 대해 주게 되는 것이다. 지금의 보험 판매 시장은 예전과 많이 달라졌다고 하지만, 과거 생명보험사들이 급속한 성장을 이루었던 시절, 여러 생명보험사들은 여성들을 위주로 보험 판매 사원을 모집하여 그들을 교육하고 훈련한 후 돌입 개척 판매를 하도록 새로운 시장에 대규모로 투입시켜 운영하였다. 속칭 '보험 아줌마'라고 불리던 초기 생명보험사에 소속된 보험판매 여성 사원들의 활약이 대한민국 생명보험사의 기틀과 성장을 다지는 초석을 마련하였음은 사실 보험업계 누구도 부정할 수 없는 사실이다.

여성의 이러한 친화력의 특성은 처음 만나는 상대방이 거부감이나 긴장을 풀게 하고 쉽게 접근할 수 있는 강점이 있는 반면, 조직에서 이들을 처음 만나는 경영자는 그러한 행동을 실제로 오해하는 경우가 매우 많은 것 같다. 오해뿐 아니라 잘못된 행동으로 연결되어 결국 개인이나 조직에 누를 끼치는 우를 범하기도 한다.

또한, 남성이나 여성이나 조직 내에서 동성 간에는 직급이나 나이로 서열이 정해지면 통상 반말을 하기도 하지만, 이성 간에는 상대방 여성이 조금 어리거나, 친한 척하거나 다정다감한 척한다고 하여 함부로 반말하거나 무시하는 행동을 하는 CEO나 경영자들은 존경받지 못할 것이다.

## 여직원을 함부로 대하면 당신의 자리도 위험해진다.

요즘이야 그런 일이 별로 없겠지만, 본사에서 부서장으로 근무할 때의 일이다. 정기 인사철이 되었는데 M지점에서 급한 내용이 회사 CEO에게 보고되었다. 내용인즉 M지점 내 여직원들 30여 명이 H지점장을 교체해 주지 않으면 집단 사표를 제출하겠다고 집단 행동을 암시하는 험악한 분위기가 보고되었던 것이다. 결국, CEO로부터 M지점의 문제를 해결하도록 지시를 받고 M지점장으로 내려가게 되었다.

M지점에서 근무하던 H지점장은 원래 영업 출신으로 직원 관리 경험이라고는 전혀 없이 오직 영업만 경험한 세일즈맨 출신으로 매우 거칠게 보였었다. 사실은 거칠게 보이는 것이 아니라 여직원들을 어떻게 대해야 할지조차 모르는 사람이었다. 그런데 말끝마다 여직원을 부를 때에 이름은커녕, 보통 "너" 또는 "야!"로 부르는 식

이었다. 아마 불과 30여 명의 여직원들의 이름조차 몰랐거나 외우려는 노력조차 하지 않았을 것이다. 내 귀로는 그 지방은 평소 대화하는 것도 싸우는 듯 들려오던 터라 그 소리들이 거의 욕처럼 들렸었던 것 같다. 호칭만 그러한 것이 아니라 여직원을 대하는 행동 또한 내가 보아도 실로 오래 산 마누라나 술집 작부를 대하듯 무례하기 이를 데가 없었다. 이러니 여직원들과 상담을 하거나, 대화 자체가 이루어질 리 없었다. 물론 H지점장은 여직원들과 식사나 회식을 시도조차 하지 못했었다. 실로 지점장은 여직원들에겐 왕따 그 자체였다. 그러니 제대로 된 보고나 관리가 될 리가 없었다.

여직원들은 지점장을 피하기 바빴고 어떻게 하든지 마주치지 않으려고만 했다. 직원들이 겉으로는 상냥하고 친화력이 있어 보였는지 모르지만, 표시하지 않고 있을 뿐 그들 속에는 메가톤급 폭탄이 폭발 직전에 있는 것과 같은 험악한 분위기가 느껴졌으며, 터질 듯 팽배해져 있었다.

사실 H지점장은 그들의 속에 있는 마음들을 전혀 헤아리지 못하고 있었을 뿐 아니라 그러한 노력조차 하려고 하지 않았던 것 같다. H지점장 생각으로는 여직원들이야 회사에서 월급을 주는 일꾼들이니 아무렇게나 대해도 된다고 생각했는지도 모르겠다. 결국, 지점장을 교체하고 여직원들의 불만을 들어주고 그들을 대우해 주는 것만으로도 불과 한두 달 만에 단 한 명 사표 제출 없이 그 사건은 그저 하나의 해프닝으로 끝났다.

## 여직원을 함부로 대하면
## 보이지 않는 적을 키우는 일이 될 수도 있다.

여직원들이 새로 오는 임원이나 경영자에게 특히 친화력을 보이는 경우를 참 많이 볼 수 있다. 여직원들은 걷거나 사진을 찍을 때도 상사의 팔짱을 끼거나 또는 매우 다정다감하게 하는 행동들을 많이 볼 수 있다. 남성들 중에도 권력에 줄을 서기 위해 온갖 아부를 하거나 뇌물을 바치기도 한다고 하지만, 여성들은 그러한 목적 없이도 단지 자기의 CEO나 상급자이기 때문에 행동을 한 것뿐인데도 남성 조직에서만 근무했던 CEO나 임원들은 정말 자기를 좋아하는 양 쉽게 착각을 하기도 한다.

절대로 여직원이 나에게 친절하게 대한다고 함부로 말하지 마라. 절대 마누라가 아니다. 특히 나이가 어리다고 함부로 반말하지 마라. 절대 너의 누나나 딸이 아니다. 그들이 친하게 대한다고 나이든 경영자에게 이성적 관심이 있는 것 절대 아니다. 나의 팔짱을 끼고 걷는다고, 나와 나란히 팔짱 끼고 사진을 찍었다고 쉽게 스킨십을 하였다고 절대 착각하지 마라. 그들의 본성이 누구에게나 친절할 수 있을 만큼 친화력을 가지고 있으며, 더구나 경영자인 당신에게야 여러 가지 다른 이유로 얼마든지 친한 척할 수도 있는 것이다.

백화점에서 점원이 나에게 친절한 것과 우리 여직원이 나에게 친절한 것은 목적만 다를 뿐 사실은 같은 수준의 행동일 수도 있는 것이 아닌가 생각된다. 남자들은 상급자에게 제대로 대우받지 못해 기분 나쁘면 대들거나 이탈하거나 아니면 굴복한다. 그러나 여직원

은 표시하지 않지만, 여자가 한을 품으면 오뉴월에도 서리가 내린
다고 하지 않던가. 잊지 말아야 할 것은 CEO나 임원이라 하더라도
여직원들에게 함부로 하는 행동이나 반말은 귀중한 나의 직원을 보
이지 않는 적으로 만드는 일이 되는 것이다.

# 38 > > > > > 불미스러운 소문은 진위와 관계없이 리더를 몰락시킨다

어느 조직을 관리하든지 간에 리더는 조직원들과 여럿을 상대로 혹은 일대일로 자리를 만들어야 하는 경우가 꽤 많이 발생한다. 그러나 이것이 남녀 사이가 될 경우는 매우 조심하는 것이 좋다. 상사와 부하 간이라도 어쨌든 일대일로 만나야 하는 남녀 관계는 항상 조심스럽다. 상대방의 나이가 어떠하든지 간에 상관없이 둘만의 만남, 그 부분은 반드시 신경 써야만 한다. 왜냐하면, 둘 만은 아무런 문제가 없다고 해도 그 장면을 목격한 사람도 그렇게 생각하는지는 별개의 문제이기 때문이다.

또한, 일단 잘못된 소문이 나기 시작하면 소문은 확대 재생산됨으로 행동을 조심해야만 한다. 옛 속담에도 '오이밭에서 신발 끈 매지 말라'고 하지 않았던가. 이것은 아예 다른 사람들에게는 의심스러운 행동조차 하지 말라는 이야기일 것이다.

## 소문을 만들지 마라. 소문은 조직을 와해시킨다.

처음 지점장을 맡았던 시절, K지점 산하 영업소에는 H영업소가 있었다. H영업소는 신설 영업소였지만, H소장이 얼마나 열심이었는지 영업소는 날로 성장할 수 있는 분위기를 만들어 가고 있었고, 매우 기대되는 곳이었다.

H는 영업소장을 맡자마자, 영업소의 영업사원 대부분이 여성인 것을 감안해서 벽면에 직접 페인트칠을 하고, 꽃과 여러 가지 장식품으로 영업소를 장식했다. 실내 분위기가 다른 어느 영업소보다 그럴싸하게 꾸며져서 H영업소를 모두들 일명 'H 까페'라는 별명으로 부르기도 하였다. 또한 신입으로 40여 명 가까운 여성 영업사원을 관리하고 있던 H 소장은 일대일로 면담도 잘하고 격려나 상담도 아주 잘하였다. 또한, 팀장급 설계사나 또는 실적이 아주 좋거나 혹은 저조한 경우 H 소장은 늘 일대일로 관리를 잘 해나갔다. 사실 여성 조직 관리는 1:1로 관리하는 것이 당연하긴 하다. 하지만 이러한 관리 방법이 회사 밖으로 연장이 되면 가끔은 오해를 살 수 있는 곤란한 경우가 많이 발생하기도 한다.

H 소장은 업무 종료 후 면담이 길어지면서 식사 자리로 옮기게 되고, 거기서 또한 술이 한두 잔 오가곤 하는 일이 종종 있었다. 그러다 보니 그 당시는 대리운전도 없던 시절이라, 술 취한 영업직원-물론 여성이다.-을 H 소장이 택시를 잡아 태워 주곤 하였는데, 사무실 근처에서 일어나는 일이다 보니 자주 다른 직원들 눈에 띄게 되었다. 그런데 일은 생각지도 않은 엉뚱한 곳에서 터지게 되었다.

일의 발단은 이 H영업소에도 주부 영업사원이 많다 보니 계가 성행하였는데, 그 계가 깨지면서 영업소 내 직원들 간 큰 싸움이 일어나게 된 것이다. 여성들의 싸움이라는 것이 머리채 잡기 전에는 거의 말다툼이 주였겠지만, 싸움이 점점 커지면서 H 소장과 상대방 직원 간 술 마시고 헤어지던 모습들이 확대 재생산되어 불륜으로까지 소문으로 확대되었으며, 이러한 일이 입에서 입으로 옮겨지며 점점 더 말싸움이 지저분한 모양으로 커지게 되었다. 여기서 끝나지 않고 싸움은 퇴근 후 가정에 돌아가서도 전화로 수 시간씩 싸움이 이어지면서 결국에는 영업소 내 전 직원이 편을 갈라 싸우게 되었다.

결국, 이 일이 확대되면서 오해 아닌 오해가 확대 재생산되고, 사원들의 남편들이나 가족들까지 나서게 되었고, 수십 명의 직원들이 가족들 반대로 출근조차 하지 못하는 문제가 발생하였다. 한참 영업을 왕성히 시작하던 영업소에서 30~40명 직원의 대부분이 편을 나누고 싸우게 되니, 영업소는 정상적인 운영조차 할 수 없게 되었다. 결국, 직원들이 편을 나누어 위로, 옆으로 소문을 확대시키게 되고 그 영업소는 문을 닫을 위기까지 몰렸을 뿐 아니라, H소장도 결국에는 회사를 떠날 수밖에 없는 상황까지 벌어지게 되었다.

필자도 여성 조직에서만 근무했다고 하지만, 그 당시만 해도 필자의 나이가 고작 30대 후반으로 지점장을 처음 맡은 지 얼마 안 되어서 일어난 사건인지라 지점장으로서의 수습하는 것이 매우 미숙하였겠지만, H소장이 스스로 떠나갈 수밖에 없게 된 것이 지금도 생각하면 참 마음이 아프다. '조기에 수습할 수 있었더라면 성실하게 열심히 하고자 했던 인재 한 명을 잃지 않았을 것'이라며 지금도 후회되는 아주 큰 사건이었다.

필자도 지점장으로 근무하던 시절 영업 지원 요청을 참 많이 받았었다. 영업 지원이란 것이 대부분 지점장으로서 영업 현장에 동행하여 고객에게 신뢰감을 높여 달라는 주문이어서 가끔 영업직원들과 현장을 동행하곤 하였다. 처음 지점장으로 근무하던 시절의 일이었다. 필자가 근무하던 지점 근처 지역 상권 중에는 일명 러브호텔이라고 하는 모텔촌이 급격히 형성되던 시기였다.

손해보험사의 경우 생명보험사처럼 질병이나 상해보험도 판매하지만, 자동차보험이나 화재보험 등도 주 판매 대상 상품이므로 모텔의 경우 주 영업 대상에서 예외일 수 없었다. 그런데 가끔 모텔을 경영하시는 사장님들도 다른 분들과 같이 영업사원과만 계약하는 것이 아니라, 경우에 따라서는 계약 현장에 지점장이 꼭 동반해서 몇가지 확인해 주기를 요청하는 경우가 자주 있었다. 지점장 입장에서는 영업 지원인데, 90% 이상이 여성 영업직원으로 구성된 지점에서 함께 영업 지원을 나간다는 것은 곧 여성 직원과 단 둘이 동행하는 일이었다. 그런데 하물며 모텔촌이라니, 그것도 환한 대낮에……. 누가 보아도 충분히 오해나 의심을 살 수 있을 만한 광경이 연출될 수밖에 없는 상황이었다.

그러한 영업 지원 요청이 들어올 때마다, 나는 영업소장이나 관리과장 아니면 스텝이나 다른 영업사원이라도 반드시 동행토록 요청하였다. 어떠한 경우이든 홀수가 되도록 하여 누가 보아도 의심을 받지 않도록 조심하였다. 단 한 번도 1:1로 그 지역의 영업지원을 나가거나 하는 것을 시도한 적이 없었다. 그러했기 때문인지 그 지역의 지점장으로 근무하는 동안 남녀 관계로 인한 불미스런 소문을 들어본 적이 없었을 뿐 아니라, 나보다 나이가 많거나 적거나 간에 영업 사원들은 언제나 내게 깍듯하게 예를 갖추어 주었다. 그것은 내가 먼저 남녀 관계가 아닌 직장 내 관계로 예를 갖춘 때문일 것으로 생각된다.

## 명심하라. 소문은 거짓이라도 그 진위와 관계없이 리더를 몰락시킬 수도 있다.

조직 내 남녀관계는 잘못 관리하면 처녀와 총각이라고 해도 좋지 않은 소문이 나기 마련인데, 하물며 유부남이나 유부녀라면 더욱 그 소문은 비정상적일 수밖에 없을 뿐 아니라 조직의 화합을 깨뜨리고 조직 자체를 망가뜨리기도 한다. 회사 내에서야 일과 관련하여 얼마든지 둘이서만 대화할 수도 있겠지만, 회사 밖에서 특히 의심스러운 자리나 술자리를 갖게 되면 이상한 소문을 피하기 어렵게 될 수도 있다.

그 소문이 진실이냐, 아니냐를 떠나서 일단 소문이 발생하면, 누구라도 그 소문의 진위를 밝히기는 정말 어렵다. 아예 처음부터 소문의 발생을 차단하는 것은 매우 중요하다. 직원들을 함부로 대하지 마라. 철저하게 원천 봉쇄하지 않으면, 반드시 조직을 잃거나 본인의 직장을 잃어버리게 될 것이다.

절대 회사 밖에서 1:1로 술자리든 식사 자리든 자리를 만들지 마라. 굳이 리더가 직원과의 만남이라도 회사 밖에서 단둘만의 만남을 해야 할 이유가 없는 것이다. 회사 밖의 만남이 불가피한 경우 언제나 만나는 인원을 가능한 홀수로 만들어라. 일에 대한 증인이 생기는 것이기도 하거니와 나중에도 문제를 차단할 수 있게 될 것이며 의심을 받지 않을 것이다.

불미스러운 소문의 발생을 처음부터 철저하게 차단하지 않으면 발생한 그 소문은 진위와 관계없이 리더에게는 절대 절명의 치명타가 될 수도 있음을 반드시 명심해야 한다.

# 39 > > > > > 외모나 나이에 따라 상대방을 차별대우하지 마라

일반적으로 사람들은 상대방의 외모 수준에 따라 상대방을 평가하는 경우가 많은 것 같다. 더구나 처음 만나 느끼는 첫인상에서는 다른 것으로 상대방을 판단할 수 있는 여력이 별로 없으므로 외모가 차지하는 비중이 가장 클 수도 있을 것이다. 상대방의 외모가 좋다면 더욱 후한 점수를 주고, 외모가 불량해 보인다면 상대방에 대한 평가도 나쁠 수 있다는 것이다. 요즈음 신입사원을 뽑는 과정에서도 외모가 중요한 스펙이라고 해서 회사에 입사 지원서를 내기 전 많은 젊은이가 성형수술을 받기도 한다고 하니 외모가 첫인상 평가에서 차지하는 비중이 크기는 한 것 같다.

조직 내에서도 외모가 뛰어나다면 리더에게 다른 직원들보다 우선적으로 관심을 받는 것은 어찌 보면 인간 본연의 속성이라고 볼 수 있을지 모른다. 더구나 여성 조직의 CEO나 리더들도 보통의 사람이라면 외모가 뛰어나고, 나이가 좀 더 젊은 여성에게 호감을 갖게 되고 또한 그들에게 좀 더 후한 점수를 주는 것은 당연할지도 모른다.

그러나 여성 조직의 남성 리더의 경우는 연령층이나 외모 수준이 다양한 조직 내에서 조직의 리더가 외모가 뛰어난 직원이나 젊은 여성 직원에게 관심을 표명하거나 그러한 쪽에만 후한 점수를 준다면 그 조직의 리더는 이미 여성 조직을 관리할 자격이 없다고 할 수도 있을 것이다. 다양한 여성 조직에서 남성 리더가 직원의 외모나 연령에 관심을 보이면, 그 리더는 자기가 관심을 보인 대상 외 모든 직원을 자기의 적으로 만들게 될 수도 있는 것이다.

## 조직 내 여성 직원의 외모에 관심을 표시하지 마라.

K지점장 시절 지점 내에는 영업소마다 4~5개씩의 팀이 있으니, 지점 전체로는 약 50명 이상의 팀장이 있는 셈이었다. 연중 1~2회는 1박 2일로 팀장들 워크숍을 진행하기도 하였는데 K지점은 팀장 전원이 모두 여성이었다. 연령도 30대 초반부터 60대 중반까지 매우 다양하였다.

워크숍 관련 회의를 마치고 저녁이 되면 보통 회식으로 행사를 마무리하곤 하였다. 사람들마다 조직마다 차이는 있겠지만 여성들과 회식을 하는 경우는 모든 잔을 다 받지 않으면 회식을 끝내지 못하는 경우가 자주 있었던 듯하다. 보통 자기 잔을 안 받으면 무시당했다고 생각하는 것 같았다. 그래서 조금씩이라도 반드시 잔을 받아야만 했다. 소주 40~50잔이면 적어도 소주 6~7병은 거뜬히 되기 때문에 처음부터 각오하고 잘 조절해서 마시지 않으면 크게 실수하거나 중간에 기절해 버리기도 하는 것이다. 이때에도 술잔을 돌릴 때에는 항상 영업소의 순서 또는 가장 나이가 많은 팀장부터 순서대로 돌아가야만 하는 것이다. 팀장 중 젊고 외모가 뛰어난 여성과 제일 먼저 술잔 돌리기를 시작하다 보면 다른 모든 팀장들은 뒤로 물러서고 항상 그 젊고 외모가 뛰어난 여성들만이 내 옆을 차지하게되었다. 그것도 그들이 나서는 게 아니라 나이 많은 고참 팀장들이그들을 지점장 쪽으로 밀어내는 것이다.

일반적으로 그런 경우는 회식 내내 다른 직원들이 그 젊은 여성을 자꾸 지점장 앞에 앉히려 하고 나머지 모두는 뒤로 물러나 버리고 말게 됨으로 분위기를 망치는 일이 종종 있다고 선배들로부터도여러 번 들어 왔었다. 물론 그날의 그 회식은 엉망이 될 뿐만 아니라나중에도 큰 불만이나 리더에 대한 불신으로 비화되곤 하였다. 리더가 일부만 편애하는 사람이 되고 결국에는 회식뿐만 아니라 영업실적에 까지 영향을 미치게 되는 것이다.

선배들로부터 받은 교육이 있어 나는 항상 가장 나이 많은 고참순으로 술잔을 돌리거나 그 자리에 앉아 대화를 하고 통상 고연령에서 저연령 순으로 천천히 자리를 옮겼다. 그러니 젊은 여성 팀장들은 오히려 후순위가 되고 나하고 술잔을 돌리는 일은 끝날 무렵에나 가능케 되었다. 당연히 회식에 대한 분위기는 끝날 때까지 화기애애하게 진행되곤 하였다.

## 여성의 외모나 연령에 관심을 보이면
## 직원 모두를 적으로 만든다.

사람은 누구나 가정 내에서도 그렇지만, 조직 내에서도 관심을 받고 싶어 한다. 다양한 연령으로 구성된 여성 조직의 경우 리더가 직원들의 외모나 나이에 관심을 보이면, 그 리더가 관심을 보이는 그 직원 외 나머지 모두는 그 리더와 그 직원에겐 적이 된다. 조직의 리더가 직원의 업무 능력이나 성과에 대해 관심을 보이는 것은 당연하지만, 직원의 외모나 연령에 관심을 보이는 것은 조직을 와해시키는 것이다. 따라서 외모나 젊은 연령에 관심을 보이는 리더의 행동은 다른 직원들이 속한 조직 전체를 적으로 만들 게 되는 바보 같은 행동임을 항상 명심해야 한다.

감성 리더십의 선구자인 다니엘 골만Daniel Goleman은 '집단의 업무 수행 능력은 긍정적 기분에 긍정적으로 자극받고 부정적 기분에 감소한다'고 하였다. 따라서 조직의 나머지 대부분을 적으로 만든다면 조직의 성과에 미치는 영향은 부정적으로 미칠 것은 당연한 이치일 것이다. 일을 잘하는 사람이나 좋은 성과를 내는 직원에게 관심을 보이는 것은 질투심을 유발해도 다른 직원들도 노력하면 해결할 수 있는 일이므로 다른 직원 모두를 적으로 만들지는 않는다. 그러나 외모나 연령에 따라 관심을 보이면, 직원들 각자가 노력한다고 해결될 수 없는 문제이므로 그 외 다른 모든 여성의 적이 될 수도 있다.

직원들의 외모나 연령은 리더와 전혀 무관한 별도의 아이템임을 명심해야 한다. 조금이라도 그러한 쪽에 공개적이든 비공개적이든 관심을 보인다면 나머지 많은 인원의 호의적인 협조를 받지 못하게 된다. 단 한 번이라도 실수하면 그날로 조직의 화합은 끝이 될 수도 있음을 절대 잊어서는 안 된다. 그러한 실수를 바로 잡고 조직을 다시 활성화시키는 방법은 초기에는 리더의 행동의 확실한 변화를 보여줌으로 어느 정도 가능할지도 모르지만, 심각해진 경우는 그 리더를 교체하는 것밖에는 다른 방법이 없는 것이다.

# 40 >>>>> 세상에는 공짜가 없다

가정에서 애완용으로 개나 고양이를 키우다 보면 며칠만 지나도 어느 개나 고양이도 자기를 주인이 얼마나 사랑하는지 금방 알아차린다. 주인이 누구이고, 누가 도둑인지를 구분하고, 누가 자기편인지를 구분한다. 심지어는 주인 가족 중에서도 자기를 좋아하지 않는 사람을 구분하기도 한다. 애완용 개나 고양이도 자기를 대하는 사람을 좋은 사람, 나쁜 사람, 또는 우리 편이나 적을 구분하는데 하물며 사람들은 어떨까?

특히 기업이나 조직의 경영자들이 조직의 구성원인 직원들에 대하여 가지는 인식에 대하여, 직원들 모두가 직접 표시는 하지 않지만 스스로 경영자들이 직원들에 대하여 가지고 있는 인식을 정확하게 인지하고 있을 것이다. 즉 경영자의 생각이 직원들을 귀하게 여기면, 정말 귀하게 행동하지만, 쓸모없게 여기면 쓸모없는 직원이 되는 것이다.

## 직원들을 소모품으로 생각하면
## 직원들도 소모품으로 전락한다.

특히 여성 중심 조직의 경우 콜센터나 대형 판매 조직에서처럼 계약직 근로자나 단시간 근로자를 채용하여 업무에 투입하여 조직을 운용하는 경우가 많다. 그러다 보니 경영자 중에서는 조직 구성원인 직원들을 소모품으로 생각하거나, 그저 한낱 일했으니 급여를 줘야하는 단순 노동자 관계로만 생각하는 경우를 많이 보아 왔다.

소모품으로 생각하다 보니 직원들을 교육시킬 필요도 없고, 직원들의 장래에 대하여도 관심이 없을뿐더러, 그저 급여를 주었으니 맡은 일이나 잘하기를 바랄 뿐인 것이다. 그러다 보니 직원들의 이름을 기억하거나 경조사를 참여하는 것은 물론 불필요한 일이 될 뿐만 아니라, 필요할 때는 와서 일하고, 필요 없는 기간에는 그저 해고하거나 계약 만료를 이유로 때가 되면 내보내면 그만이라고 생각하는 경우가 많았다. 심지어는 직원들 앞에서도 "얘들은 소모품이야."라고 표현하는 것도 보았다.

몇 년 전 회사 전체 전산 시스템을 업그레이드해야 하는 일이 생겼다. 업그레이드 시간을 고객에 대한 일반적인 업무 종료 후인 저녁 6시로 정하고 업그레이드를 준비하였다. 물론 콜센터는 24시간 체제이고 업무 종료 후에는 고객 전화가 줄어들기는 하지만, 그래도 고객 문의가 있으므로 당일 근무 인원도 평소보다는 2배가량 더 많이 투입하고 나머지 직원들은 퇴근시켰다.

그런데 업그레이드 시간이 되어 전산 시스템을 잠시 멈추자, 시스템 전체가 문제가 생겨 비상 상황이 발생하였다. 고객들의 전화는 계속 빗발치면서 큰 폭으로 증가하는데 전산 시스템에 문제가 생겨 제대로 고객에게 응대하기 어렵게 되어 버려 고객의 요구 사항을 처리하는데 평소보다 몇 배의 시간이 필요하게 되었다. 따라서 처리 시간이 길어지면서 추가적인 고객의 전화는 밀려들고 계속 고객 전화 대기는 끝없이 증가하기만 하여, 할 수 없이 2개의 콜센터에 퇴근한 전 직원들에게 비상소집령을 발동하였다.

그런데 여기서 큰 차이가 발생하였다. 한 개 센터는 비상소집을 하였는데도 대부분 직원이 콜센터로 돌아오지 않았지만, 다른 한 개의 센터는 대부분 직원이 퇴근 후 다시 콜센터로 돌아와 업무에 응해 주었다. 이 차이는 어디서 왔을까 생각해 보면, 전자의 콜센터는 센터장과 직원들과의 인간관계가 전혀 형성되지 않은 센터였으나, 후자의 콜센터는 오랫동안 센터장이 직원들을 공들여 가족처럼 관리한 조직이었음을 다시 한번 상기하게 되었다.

직원 한 사람 한 사람에 대한 경영자의 생각은 직원들에게 곧바로 전해진다. 급여를 주었으니 일 잘하라고 하지만, 학비를 내어 주면 모든 가정의 자녀가 알아서 공부하지 않듯이 직원들도 비슷하다. 더구나 열심히 하는 직원이나 대충 시간을 때우는 직원이나 모두 소모품처럼 취급받거나, 계약 만료 시 회사를 그만두어야 한다면 점점 더 아무도 열심히 일하려고 하지 않을 것이다.

그들을 동기부여하고, 능력을 배양하고, 귀하게 생각하여야 정말 회사에 귀중한 직원이 되는 것이다. 그렇지 않으면 경영자는 모든 것을 급여, 즉 돈으로 해결하려고 하고, 또 그렇게 해결하여야만 할 것이다. 직원을 소모품으로 생각하면, 직원들도 소모품만큼 일하므로 직원들에게 추가적으로 또는 별도의 일을 시키려면, 반드시 그 대가를 추가로 먼저 지급해야만 하는 것이다.

## 조직 관리에는 공짜가 없다.

사람은 기계와 달라서 기계는 기름칠해 주고 정비를 잘 해주며, 동력을 연결하면, 원하는 만큼 돌아갈 수 있지만, 사람은 급여를 주었다고 경영자가 원하는 만큼 일해 주지 않는다. 혹시 규정된 근로시간은 채울지 모르지만, 기회가 주어지면 언제나 더 좋은 자리로 떠나려고 준비하고 있거나 조직을 이탈하게 되는 것이다.

6개월간 계약직 근로자의 경우 경영자는 근로자가 열심히 일하고, 6개월 후 계약 만료 시점에만 회사에서 떠나기를 바라겠지만, 실제 그 직원들은 6개월이 되기도 전에 언제라도 더 좋은 기회가 주어지면 먼저 조직을 이탈하고 떠나는 것이다. 또한, 경영자가 소모품으로 직원들을 생각하고 대우하면 그러한 내용을 먼저 스스로 알아차리고 그 정도 수준까지만 일하게 되는 것이다. 사람은 잠재역량에 따라서 무한한 능력을 발휘하고 경우에 따라서는 더 높은 성과를 내기도 하지만, 소모품으로 인식되는 직원은 스스로 소모품 수준의 일만 하는 것이다.

세상에는 공짜가 없다. 조직을 관리하는 경영자와 직원 간에도 절대 공짜는 없다. 경영자만이 혼자 직원들을 짝사랑하는 일도 없으며, 직원들은 열심히 일하는데 혼자 직원들을 아무렇게나 대해도 되는 경우도 없다. 경영자가 직원을 소모품으로 생각하면 시키는 일만 하는 소모품이 되고, 귀하게 생각하고 가족처럼 대하면 최선을 다해 일하는 가족이 되는 것이다.

# 여성 조직의 리더가
# 반드시 알아야 할 10가지

제4차 산업혁명 시대 성공적인 여성 조직 50가지 노하우

# 41 > > > > > 항상 그들이 이야기하는 본심을 읽어라

우스갯소리로 "남자의 말에는 뜻이 하나, 여자의 말에는 뜻이 100 가지가 있다."라는 말이 있다. 수렵형이며 목표 지향적인 남자들은 말 속에 다양한 의미를 내포하지 않는다. 또한, 말들이 간결할 수밖에 없다. 왜냐하면, 지금 공동의 사냥감을 목표로 하여 급히 쫓아야 하는 급박한 상황에서 "하얗고 귀가 큰 토끼를 잡아라!" 하는 것처럼 은유법이나 많은 수사구를 사용하거나 말을 길게 표현한다면 신속한 의사 전달에 장애가 되어 커뮤니케이션이 실패하게 되고, 결국은 사냥감을 놓쳐버리는 우를 범할 수도 있기 때문이다.

채집형이며 멀티태스킹형의 여자들은 채집 대상이 대부분 정적인 식물이므로 말의 표현에도 여유가 생기며 다양한 방법으로 채집 대상을 바라보기도 하고, 감상하기도 하면서 다양하게 표현할 수도 있었을 것이다. 더구나 우리나라의 경우 오랫동안 "암탉이 울면 집 안이 망한다."라는 속담이 있었던 것처럼, 여자들에 대해서 사회적으로는 물론 가정 내에서도 공개적으로 의사 표현을 하는 것을 금기시했고, 가부장적 사회가 수천 년간 이어져 오면서 여성들에게는 의사 표현의 기회조차 주어지지 않았었다.

시대가 개방되고 급격히 변화하면서 고학력, 고능률의 여성들이 대거 등장하고, 남성 중심 사회에서 양성 평등 사회로 전환하면서 여성들의 의사 표현이 다양해지고 강렬해지면서 여성들의 의사 표현 수준에 많은 변화가 있었다고는 하지만, 아직도 남녀 간 의사 표현 방식이나 이해 수준에 차이가 많아 변화를 따라가지 못하는 한편, 상대방 여성을 이해하는 것은 오히려 전보다 더욱 어려워지지 않았나 싶다.

분명 개인의 차이는 있겠지만, 남성들과 달리 여성들은 가정 내에서도 남편들에게 직접적으로 의사를 표시하는 경우가 매우 드문 것 같다. 헤어숍에 다녀와서 머리 모양이 바뀌었음을 이야기할 때도 "나 어때?" 또는 "나 어디 달라 보이지 않아?" 하고 상대방의 반응을 기다린다. 나만 그런지 모르지만, 목표 지향적인 남자들은 이 경우 종일 목표를 쫓다 지쳐 쉬고자 하는 가정에서 아내의 말하는 내용이 자기의 목표가 아니므로, 대부분은 아내의 머리 모양이 바뀌었다는 것을 알아채지 못하고, "뭘?" 또는 아내의 말이 무슨 소리인지 이해하려고 노력조차 하지 않고 있는 것이다. 처음부터 "나 머리 모양 바꿨는데 어떻게 생각해?"라고 말해 주었더라면 좋을 텐데, 서로 다른 차원의 언어를 가지고 의사 표현을 하다 보니 결국에는 부부싸움으로 연결되는 일이 종종 있는 것이다. 특히 명절 이후 시댁에 다녀와서는 아내가 '무엇 때문에 힘들었다. 나 위로해 달라'고 표현하면 좋으련만, 시어머니, 시누이의 행동에 흉을 보게 되고 그 말의 의미를 알리 없는 남편과 결국 대판 싸움으로 번지는 일이 주변에서 쉽게 볼 수 있을 만큼 흔한 일이 되는 것이다.

## 그저 잘 들어만 주어도
## 직원들의 본심을 읽을 수 있을 것이다.

개인적인 차이가 있다고는 하지만, 회사에서도 대부분 여직원들은 자기의 의사 표현을 직접적으로 잘 표시하지 않는다. 남자 직원들은 회의 중에도 상대방과 의견이 다를 경우 상대방이 상처를 받든 말든 자기 의견을 쏟아붙여서, 결국은 언쟁으로 가기도 하지만, 여직원들의 경우는 좀처럼 회의 중 언성을 높이거나, 회의 중 말다툼이 있는 것을 거의 보지 못했다. 이것은 우선 상대방과 의견이 다를 경우에도 직접적으로 의사를 표현하지 않기 때문이기도 하고, 속에 있는 자기 의견을 즉석에서 잘 표현하지 않는 때문이기도 한 것 같다.

여성이 구성원의 90% 이상으로 운영되는 대부분의 콜센터는 이직률이 높은 업종으로 잘 알려져 있다. 나는 콜센터 사업을 총괄하면서, 정기적으로도 직원들과 면담을 시행하였지만, 특히 이직하겠다고 하는 직원들에 대해서는 별도로 이직 면담을 시행하였다. 사직서를 제출하겠다는 의사 표현을 한 직원을 회의실이나 접견실 등 조용한 곳으로 불러서 이직 면담을 진행하였다. 면담을 진행하고 나면, 대개 이직하고자 했던 직원 중 적어도 70~80% 이상은 이직하지 않겠다고 하였고, 실제로도 이직하지 않았다. 즉 외견상으로는 이직하려는 것을 포기하였다. 초급 관리자인 팀장들은 내게 '그렇게 이직하겠다고 해서 제가 아무리 말려도 안 듣던 직원이 본부장님하고 면담만 하고 나면 이직하지 않겠다고 하는지 그 이유를 모르겠습니다. 도대체 어떻게 설득하십니까?' 하고 물어보곤 하였다.

사실 면담 내용이야 관리자들이 내게 물어보는 것처럼 내가 그들을 이직하지 말라고 설득하는 것이 주 내용이 아니라, 그저 그들의 얘기를 들어 주기만 하는 것이 아마 면담 내용의 거의 전부였던 것 같다. 그들의 이야기를 듣다 보면 왜 이직하고자 하는 마음을 갖게 되었는지, 무엇이 어려운 일인지, 업무가 많은 건지, 팀장하고의 문제가 무엇인지 등을 듣게 되었다. 즉 대부분 직원은 이직 의사보다는 '내가 힘드니 관심 좀 가져 달라'는 내용이었다.

그들의 문제를 듣고 나서 중요한 것은 바로 조치를 취하거나 또는 전혀 아무 조치를 취해 주지 않아도 그저 속 시원히 속에 있었던 내용을 털어놓고 나니 이직할 마음이 없어졌다는 경우도 꽤 많았다. 사실 처음부터 이직하고자 하는 마음이 있었던 것이 아니라 '이런 것이 너무 힘들다'거나 '이렇게 좀 해달라'는 것이었는데 중간 관리자들조차도 그런 마음을 잘 알아채지 못하니 결국은 이직하겠다고 사직서를 들고 오게 된 것이다. 다르게 말하면, 사실은 이직하고 싶지는 않은데 이직의 의사 표시를 그대로 받아 이직으로 몰아가고 사직서를 수리해 주면 그대로 이직할 수밖에 없다는 이야기도 될 수 있는 것이다.

## 많이 들어 주고 많이 호응해 주어라.

여성 조직을 운영하는 리더는 직원들이 말하는 그 본심을 읽어 내야 한다. 그들이 말하는 것이 이직이든 남에 대한 험담이든, 아니면 조직에 대한 문제이든 그녀들의 말 속에 담겨져 있는 본 뜻, 즉 그들의 진실된 마음을 읽을 수 있어야 한다. 회의 시간에 아무도 반대 의사 표현을 하지 않았다고 하여 모두가 리더의 의견에 찬성하는 것이 아니고, 그것은 오히려 리더가 강압적이고 독재적인 리더라는 것을 증명하는 것은 아닌지 생각해봐야 한다. 대화 중 남에 대한 험담을 하는 것이 험담의 대상자가 험담을 받을 만한 것인지 보다 리더가 편애적 리더십을 행사하고 있지 않은지도 깨달아야 한다. 사직서를 가져온다고 할 때 정말 회사를 떠날 마음인지, 아니면 가정적으로, 개인적으로 또는 업무적으로 어떤 어려움을 가지고 있는지를 알아채야 한다. 그러한 것을 알지 못하면 또는 알려고 노력하지 않는다면 그는 여성 조직의 리더로서 자격이 없다고 생각한다.

어떻게 그들의 마음을 아느냐고? 그저 그들의 말을 끊지 말고 들어 주기만 해도 거의 반은 알게 될 것이다. 그들의 말할 기회를 주고, 그저 잘 호응만 해주어도 나머지를 대부분 이해하게 될 것이다. 그리고 그렇게 직원들과의 대화를 반복하다 보면 점차 그들의 말을 더 깊이 이해하게 될 것이고 조직의 문제들이 더 잘 해결될 것으로 확신한다.

많이 들어 주고 많이 호응해 주어라. 그것이 그들의 본심을 파악하는 가장 중요한 방법 중 하나일 것이다.

# 42 > > > > > 직원 간 분쟁이 발생하면 절대 피하지 마라

어느 조직이나 조직의 구성원 간에는 조직의 규모가 크면 클수록 업무적이든, 비업무적이든 의견이 일치하는 경우보다 의견이 일치하지 않는 경우가 훨씬 더 많을 수 있다. 만장일치라는 제도가 있기는 하지만, 강압적이거나 전제국가가 아니면 조직이 클수록 만장일치라는 것은 거의 불가능한 것이 오히려 당연하다고 생각된다. 그러나 서로 의견이 다른 경우가 발생했을 때 그것을 조율해 나가는 과정이나 수준에 따라 그 조직이 잘 훈련되고 활성화된 조직인지, 고능률 조직인지를 알 수 있는 것이다.

사실 구성원 간 커뮤니케이션이 원활하고 리더의 의견 조율 능력이 탁월한 조직은 성과나 미래의 비전, 발전 등 모든 면에서 고능률 조직 문화를 갖고 있다고 할 수 있지만, 구성원 간 커뮤니케이션이 폐쇄적이거나 결여되고, 조직 내 화합하는 수준이 낮을 뿐 아니라 리더의 의견 조율 능력이 낮은 조직은 의견 조율이 잘 안 될 때 구성원 간 서로 상대를 무시하거나, 반대로 언쟁이나 심지어 폭력을 사용하게 되기도 하며, 경우에 따라서는 떼를 지어 항의하는 방법으로 일방적인 의사 표현 방식을 사용하게 되며, 의견이 다른 상대방을 오직 힘으로만 밀어붙이려고 하는 후진적 조직 문화를 갖게 된다.

여성 조직에서도 조직을 관리하다 보면 조직의 구성원들 간 의견 충돌이 일어나는 것을 자주 경험하게 된다. 대부분 이러한 것은 서로의 의견들이 업무적인 것과 개인적인 것이 복합적으로 작용하기도 하지만, 경우에 따라서는 그로 인한 의견 충돌이 심각하게 표출되기도 한다. 이러한 의견 충돌이 발생할 때 조직의 리더가 의견을 잘 조율해야 하지만, 조직 내 의견 조율이 항상 쉽지만은 않다.

특히 여성 조직의 경우 구성원 간 의견 충돌로 심각한 싸움이 일어나는 경우가 있다. 싸움 발생의 원인이야 여러 가지 다양한 이유를 가지고 있지만, 여성 조직은 조직의 태생이나 구성에 있어 연령이나 연공서열 측면보다는 능력 위주 승진 체제를 가지고 있는 경우가 많아, 이러한 것들이 어떤 경우에는 오히려 조직 내 구성원 간 싸움을 유발시키는 요인이 되기도 한다.

## 직원 간 싸움을 덮으려고만 하면 문제는 더욱 커진다.

어느 회사의 한 콜센터에서도 여직원들 간 싸움이 일어났다. 초급 관리자인 D 팀장은 나이기 어렸으나, 팀 내에서 업무 능력을 인정받아 조기에 팀장으로 승진하였다. 그런데 해당 팀의 팀원들은 대부분 팀장보다 나이가 훨씬 더 많다 보니 능력 여부를 떠나, 나이 어린 사람이 본인들을 제치고 팀장이 된 것에 대해 평소 큰 불만을 갖고 있었다. 그 후 얼마 지나지 않아 업무를 처리하던 중 팀장과 팀원 간에 사소한 의견 충돌이 일어나면서, 업무 종료 후 나이 많은 팀원들이 D 팀장을 불러내어 '건방지다'는 이유로 집단 구타하는 일이 발생한 것이다. 크게 다쳐서 입원할 정도까지는 아니었지만, 온몸을 구타당한 타박상과 억울함 등으로 인해 회사에 출근조차 하기 어려워진 D 팀장은 그 상황과 억울함을 센터장에게 보고를 하게 되었다. 센터장은 상황 여부와 관계없이 상사에게 보고되는 것이 두려웠던 탓인지는 모르겠지만, 오히려 D 팀장에게 없었던 일로 하고 확대시키지 말도록 계속 반 강제적으로 지시하며 사건을 덮고 갈 것만을 종용하였다. 팀장을 집단 구타한 팀원들에게도 그저 팀장에게 '사과하라'고 하며 사과만 하면 끝내겠다는 생각으로 사건을 덮기에 급급하였다.

D 팀장은 진단서를 끊고 '경찰에 고발하겠다'고 나서기 시작하게 되어, 결국 회사 전체로 소문이 퍼지게 되었다. 본사까지 보고가 되었으나 본사의 담당 부서장조차도 사건을 덮으려고만 하고 어영부영하는 기간 동안 싸움은 구타 사건이 아니라 여직원 간 말싸움으로 확대되고, 조직 내 큰 분열이 생기기 시작했다. 센터장은 어찌 보면 피해자가 된 D 팀장에게 사건을 덮고 그냥 끝내기를 계속 종용하였으나, 가해자인 팀원들이 사과할 수 없다는 입장을 고수하며, 오히려 싸움의 원인이 D 팀장이라는 식으로 주장하게 되니, D 팀장 입장에서는 절대 물러설 수 없는 일이 되어 버렸다.

이 일로 인하여 센터 전체가 양 팀으로 분할되어 가해자 편과 피해자 편으로 나뉘게 되고, 어느 누구도 잘잘못을 가릴 수 없는 상태로 확대되어 갔다. 결국, 피해자인 D 팀장은 다시는 해당 팀장으로 복귀하지 못하고, 자의 반 타의 반 타 부서로 전출하게 되었고, 가해자인 팀원들에게는 가벼운 경징계로 처리되고 사건을 종료시켰다. 이 일로 오히려 조직의 위계질서는 파괴되고, 대부분 나이 어린 팀장들은 팀원 관리에 더욱 어려움을 겪게 되고 센터장은 센터장대로 신뢰할 수 없는 리더가 되어 버렸다. 또한, 어렵게 육성한 관리자 한 사람을 활용하지 못하고 그저 놓쳐버리는 우를 범하고 말았다.

내가 근무하던 콜센터에서도 비슷한 일이 초기에는 조금 있었다. 그러나 언제나 모든 것을 원칙대로 처리하였다. 원인 여하를 막론하고 팀장의 정당한 지시를 불응하거나, 하극상의 문제에는 강력하게 대처하였다. 어떠한 경우도 불미스러운 일을 조용히 덮고 넘어가고자 하지 아니하였다. 필요하다면 인사위원회에 회부하여 중징계로 처리하거나, 공식적인 위계질서에 대해 강력하게 진행하였다. 처음 자잘한 문제들이 있었으나, 한 번도 그러한 일들이 확대되거나 추가로 발생하지 않았었다.

어떤 조직에 리더가 새로 부임하면 초급 관리자보다 나이나 경험이 많은 부하 직원들이 "모든 일은 우리에게 맡기시면 된다."라고 최고 책임자인 리더를 부추기는 경우도 있다. 이 경우 만약 그들의 말에 따라, '그럴 수도 있다'는 생각으로 잠깐이라도 방심하게 되면 초급 관리자를 허수아비로 만드는 일이 될 뿐만 아니라 회사의 인사 체제를 불신임하게 되고, 조직의 위계질서를 무너뜨려 상명하달식 지시가 불통되는 일로 확대되기도 하는 것이다.

## 직원 간 싸움에 방관하거나 피하지 마라.

여성 조직에서 여성 직원들 간 싸움이 일어나면 남성 리더들은 어찌할 줄 모르는 경우가 많다. 현장에 있었든 없었든 또는 원인이 어디에 있든지 간에 이러한 싸움의 뒤처리를 잘 하지 못해 조직을 혼란 속으로 빠뜨리는 경우들이 발생한다. 특히 리더가 부하들의 비위만 맞추고 부실을 도려내지 못하거나 좋은 사람 콤플렉스에 사로잡힌 리더일 경우에는 더욱 커다란 문제로 비화되기도 한다.

리더는 싸움이 일어나지 않도록 사전 커뮤니케이션을 활성화하고 조직 내 직원 간의 어떠한 싸움도 방관하여서는 안 된다. 사내이건 사외에서건 직원 간 싸움에 대하여는 중재자가 되던지 해결사가 되어야 한다. 리더는 절대 방관하거나 피하려고 해서는 안 된다. 특히 위에서 예를 든 것처럼 팀장과 팀원 간의 싸움이 발생했을 때에는 덮으려고만 해서는 문제를 더 크게 키우게 된다.

언제나 결론은 조직이 우선이다. 조직이 추구하는 바를 역행하는 경우 단호하게 대처해야 한다. 평소 비공식적으로는 나이순으로 대우를 해주었다 하더라도 조직 내 문제에 대해서는 위계질서를 분명히 해야 한다. 나이 어린 팀장이라고 하여 팀원들이 팀장의 정당한 지시에 불응한다면 그러한 조직은 존재할 수 없다. 썩고 더러운 것을 치우지 않고 신문지로 덮는다고 하면 잠시 동안은 보이지 않을

지 모르나 부패가 더 빠르게 진행되면서 나중에는 심한 악취가 진동하게 되고 조직 전체를 망가뜨리게 됨을 잊어서는 안 된다.

중재는 공명정대하게 하라. 그러나 반드시 원칙대로 처리해야 함을 잊어서는 안 될 것이다.

# 43 > > > > > 　　　　　신사처럼 행동하라

　조직이 크면 클수록, 구성원이 다양할수록, 또는 업무가 비전문적이거나 복잡하고 다양할수록 조직에는 크고 작은 문제들이 수시로 발생한다. 리더는 문제가 발생할 때마다 문제의 경중에 따라 또는 처리 시한에 따라 동시에 여러 가지 다양한 결정을 해야 하는 경우가 많다.

　리더의 결정은 조직에 당연히 긍정적인 결과를 가져오기도 하지만, 경우에 따라서는 리더의 잘못된 결정이 조직에 크게 해를 입히는 경우도 많이 발생할 수 있다는 것은 누구나 알고 있는 사실일 것이다. 조직에 미치는 영향과는 별개로 리더 자신에게도 미치는 영향은 클 수밖에 없다.

　그러나 리더의 옳은 결정이 리더에게 꼭 긍정적 결과를 주는 것만은 아니다. 조직 전체에 유익한 결정이라고 하더라도 리더 본인에게는 해가 되는 경우가 발생할 수밖에 없는 경우도 많다. 특히 리더에게 미치는 영향과는 관계없이 리더가 결정하고 행동하는 것에 조직의 구성원들은 깊은 관심을 가지고 있는 것 또한 사실이다. 그들도 각자 나름대로 리더의 결정이나 행동이 구성원 본인 자신들에게 미치는 영향에 더 큰 관심을 기대한다고 한다면 그것이 인지상정이라고 할 수 있을 것이다.

리더의 결정과 행동은 어떻게 해야 할까? 리더는 직원들 앞에서 신사처럼 행동해야 한다. 신사紳士라 하면 사전에는 '점잖고 예의 바르며 교양 있는 남자'라고 표기하고 있다. 점잖고 예의 바르고 교양이 있다는 것은 무엇일까? 다시 바꾸어 말하면 무례하지 않으며, 정직하며, 상식이 있다는 얘기가 아닐까 생각한다.

평소에는 점잖은 척하지만, 기회가 되면 회사의 예산이나 재산을 함부로 개인 용도로 쓰거나, 술자리에만 가면 직원들에게 함부로 대하는 리더들이 있다. 리더가 함부로 사용하는 회사의 재산이 리더의 살림에 조금 보탬이 될지는 모르지만, 그것을 아는 부하 직원들도 회사의 재산을 함부로 사용하거나 리더를 신뢰하지 못하게 될 것은 틀림없는 일이다. 또한, 부하 직원들에게 함부로 말하거나 함부로 행동하면, 그 순간은 넘어갈 수 있을지 모르나 조직 내에 적을 만들게 될 것이다. 그들이 리더의 등에 어느 순간 칼을 꽂게 될지도 모르는 일이다. 부하 직원에게 친하게 대하는 것과 함부로 대하는 것은 다르다.

## 순간을 모면한다고 문제가 모두 해결되는 것은 아니다.

어느 해인가 콜센터를 관장하는 CEO가 연도 중간 교체되었다.

그해 상반기에는 인원 부족으로 아무리 노력해도 거의 모든 콜센터 관리 지표들이 모두 목표를 미달하고 있는 상태였다. 콜센터는 2:8 법칙이 적용되지 않는 업종이다. 20%의 직원이 목표의 80%를 해낼 수 없다는 의미이다. 영업 실적에서야 모르겠지만, 단순한 업무 안내나 고객 서비스를 담당하는 콜센터의 경우에는 아무리 숙달된 직원도 다른 직원보다 2배 이상의 전화 응대를 해낼 수 없다는 의미이다.

새로 교체된 CEO는 처음 접하는 콜센터에서 해당 연도 목표 달성을 위해 하반기 목표를 대폭 상향 조정하였다. 영업하는 곳이 아닌 콜센터에서는 목표가 2배로 조정된다고 해도 추가 인원이 투입되지 않는 한 목표가 달성될 수는 없다. 하루 100콜을 처리하는 상담사 한 명이 갑자기 200콜을 처리하라는 것인데, 다시 말하면, 한꺼번에 쌀 한 가마니를 들 수 있는 장사에게 갑자기 두 가마니씩을 한꺼번에 들어 옮기라는 것은 불가능하다는 의미와 어쩌면 같을지 모르겠다.

그러나 대부분의 다른 부서장들 모두가 침묵이었다. CEO의 말에 아무도 반대하지도 이의를 제기하지도 않았다. 목표 달성을 할 수 없는 이유나 결과는 모두가 알고 있는데, 무엇이 문제인지 이해하지 못하는 CEO 앞에서 모두가 침묵을 지켰다. 물론 그 순간 위기를 모면하고, 그룹에 그대로 보고되어도 나중 어차피 모두가 다 목표를 미달할 테니 공동으로 혼나면 된다고 생각했는지도 모른다.

나는 여러 가지 통계 자료를 가지고 조목조목 이유를 들어 강력하게 이의 제기하였다. 그 사건으로 나는 보직 해임을 당해야 했다. 대신 다른 콜센터는 목표 조정이 되었지만, 내가 담당했던 콜센터 의 관리자들은 추가 목표를 감당하지 않아도 되게 되었다. 그 후 불과 몇 개월 만에 모든 것은 드러나고 얼마 안 되어 나도 원대 복귀되었고, 다행히도 그 CEO는 얼마 지나지 않아 회사를 떠나게 되어 더이상 그러한 불미스러운 일은 반복되지 않았다.

일을 하다 보면 예기치 않은 어려운 문제에 부딪히는 경우가 종종 있다. 콜센터 사업본부장 시절 지역 내에서는 다른 변변한 직장이 많지 않아서인지는 몰라도 우리 콜센터가 그래도 꽤 괜찮은 콜센터 로 인식되다 보니 입사 지원자들이 항상 넘쳐났다. 더욱이 입사 예정자 수보다 임직원들의 추천자가 많아 다 채용할 수 없으니, 늘 미안한 마음이 들곤 하였다. 또한, 신입사원을 채용 시마다 여러 군데에서 추천으로 또는 압력으로 지원자를 여러 번 추천받게 되었다. 그러나 어떠한 피추천자라도 해당 콜센터의 채용 절차를 거치지 않은 경우는 한 번도 없었다. 물론 채용 테스트 중 채용이 절대 불가한 경우─즉 채용 필요 점수를 미달하는 경우─누구의 추천이라 하더라도 채용하지 않았다. 그러나 이 경우 반드시 추천자에게 긴 설명이 필요했다. 채용 테스트 점수를 들고 언제나 먼저 전화를 해야 하는 것은 내 몫이었다. 어느 관리자에게도 맡기지 못하였다. 언제나 정중히 채용할 수 없는 문제점을 설명하고, 난호하게 채용 거절을 하였다. 당시에는 욕도 꽤 먹었지만, 물러서지 않았고, 결과적으로 채용을 실패해서 낭패를 본 경우는 한 번도 기억에 없는 듯하다.

# 리더는 신사처럼 행동하라.

리더는 무례하지 않아야 한다. 아무리 나이 어린 직원에게도 함부로 반말하거나 하대하거나 깔보지 않으며, 나이 어린 여성 직원들에게도 정중해야 한다. 어떤 자리에서건 성희롱적 발언을 하거나 이성처럼 대우해서는 안 될 것이다. 누군가는 여성 직원을 아내처럼, 누이처럼 대한다고 하는데, 여직원을 누이처럼 아내처럼 대하라는 것은 내 가족처럼 귀하게 생각하라는 것이지 누이처럼 아내처럼 함부로 손을 대거나, 함부로 말하라는 것은 아닐 것이다.

리더는 정직해야 한다. 자기가 책임질 일이 있으면 책임져야 하고, 물러나거나 거짓으로 증거를 대어서는 안 될 것이다. 특히 책임져야 할 자리에 자기의 부하를 끌어들이는 비겁한 행동은 모든 부하 직원을 적으로 만드는 일이다. 리더가 자기의 순간적인 이익을 위해 거짓을 말하거나 비신사적 행동을 하면 조직이 죽는다. 리더의 비신사적 행동은 부하 직원 모두를 적으로 만드는 일이다. 혹 리더의 높은 직위로 인한 권력 때문에 현장에선 넘어갈 수도 있겠지만, 그것으로 모든 일이 끝나지는 않을 것이다.

리더는 상식적으로 행동해야 한다. 누구나 아는 상식은 무엇일까? 일반적으로 누구나 잘못된 일이라고 생각할 수 있는 것을 자기의 이익을 위해 행해서는 안 된다는 것이다. 회사의 법이나 규정에 어긋나는 행동을 해서는 안 된다. 예를 들면 본인은 매일 저녁때마다 술자리를 갖고 아침마다 늘 지각하거나, 업무 중 인터넷으로 도박을 하거나 혹은 주식거래를 하거나 하는 등 회사 일이 아닌 딴짓을 자주 하면서, 직원들에게 근태를 이야기하게 되면 직원들도 리더가 보이는 곳에서만 회사 일을 하는 척하게 될 것이다.

리더는 옳은 일은 옳다 하고 그른 일은 그르다고 할 수 있어야 한다. 리더가 자기에게 당장 손해나는 일이라고 하여, 위기를 거짓으로 또는 비굴한 숨김으로 모면한다고 하면 그 조직은 결국 와해되고 큰 손해가 발생할 것이다. 누구도 그 리더의 말을 신뢰하지 않을 것이다. 나 하나쯤 무단 횡단하고, 나 하나쯤 눈 감는다고 세상이 바뀌지는 않겠지만, 리더의 잘못된 선택은 조직 전체의 운명을 가를 수 있는 것임을 잊어서는 안 된다.

리더는 신사처럼 행동해야 한다. 언제나 젊잖고 예의 바르며, 상식에 어긋나는 행동을 해서는 안 된다는 것이다. 그렇게 하지 않으면 조직이 와해될 것이고 조직의 시너지 효과를 살릴 수 없을 것이다.

# 44 > > > > > 누구에게나 공평하게 대하라

사람은 누구나 자기가 좋아하는 사람이나 이성에 대한 취향, 즉 스타일이 있다. 자기가 좋아하는 스타일의 상대방에게는 더 좋은 감정, 더 편안한 감정을 느끼는 것은 당연한 일일 것이다. 여성 조직을 관리하는 리더라고 해서 이러한 감정이 전혀 없을 수는 없다. 오히려 매일 여러 여성 직원을 만남으로 인하여 다른 조직에서보다 이성에 대한 더 많은 감정적인 상태를 느낄 수도 있을 것이다. 리더에게 친숙하게 대하는 사람, 아침마다 밝게 미소짓거나 스킨십을 쉽게 하는 사람, 마음에 드는 선물을 자주하거나 특히 외모가 뛰어난 경우 이러한 직원들에게 리더도 더 호감이 가는 것은 어찌 보면 인지상정이라고 하지 않을 수 없을 것이다.

그러나 리더는 돌부처여야 한다. 어차피 연인도, 아내도 아닌데, 직원들의 외모를 따지거나 리더에게 친근하게 대하는 정도에 따라 상대방을 대하는 태도가 다르다면 그는 리더로서 이미 실격이라고 생각된다. 특히 마음속에 일어나는 모든 일이라도 리더가 함부로 표현해서는 안 되는 일인데도 불구하고, 굳이 리더의 일방적이고 편파적인 취향이나 호감도를 외부로 표시하고 나타내거나 행동으로 옮겨서는 안 될 것이다. 조직의 구성원 중 어느 직원이 다른 직원들보다 리더와 지나치게 가까워지면 리더에게는 중요한 아군을 얻을 것이다. 그러나 그 친한 관계의 대상이 되는 아군인 직원 이외에는 더 많은 직원 모두를 적으로 만드는 일이 될 수도 있다.

역사 속의 많은 후궁들이 왕의 총애를 받게 되면 새로운 권력이 되어 외척 세력이 득세하고 뇌물이 급증하며, 결국은 나라를 망하게 하는 일들을 우리는 수없이 보아 왔다. 그러한 일들은 한 국가 내에서만 국한된 것이 아니라 현대 조직 내에서도 수없이 일어나고 있으며, 언제든 일어날 수 있는 일이라고 할 수 있을 것이다. 반면, 직원들 중 일부를 홀대하거나 함부로 대하면 그들 또한 적이 될 것이다. 여자가 한을 품으면 오뉴월에도 서리가 내린다고 했다. 직원들의 마음에 한을 품게 하지 마라. 정말 서리가 내릴 것이다.

## 리더는 모든 직원의 리더이다.

A 본부장은 여성 조직으로 발령을 받은 후 늘 기분이 좋았다. 전에 근무하던 조직에서는 생각할 수 없는 일이 매일 사무실에서 벌어지는 것이다. 특히 지원부서의 B는 미모도 뛰어났지만, 늘 A 본부장에게 매우 정성스럽게 대했다. 언제나 차를 준비하거나, 친근하게 대하거나 하는 일 뿐 아니라 늘 관심을 가지고 피곤한지 아닌지, 필요한 건 없는지 비가 오면 우산을 같이 쓴다거나 팔짱을 끼는

등 다른 직원과 달리 스킨십도 쉽게 하였다. 혹 회식 자리에서 A 본부장이 술에라도 취해 버리기라도 하면 바로 부축하기도 하니 A 본부장의 마음속으로는 연인처럼 생각되었는지도 모른다. 더구나 A 본부장의 행동도 직원들 앞에서 B를 챙기는 모습을 자주 보여 주었다. 그것이 본심이든 우연이었든 그 광경을 본 직원들의 머릿속은 점차 복잡해져 갔다.

그 후 회사의 모든 일은 B로 통한다고 하여 A 본부장의 결재를 받거나 진급을 하려면 B에게 잘 보여야 한다는 말이 돌기 시작하였을 뿐 아니라, B에게 줄을 서려는 직원들이 점차 늘고 있다는 소식도 들렸다. B도 그것을 은근히 즐기는 듯 늘 A 본부장에게 어떠어떠한 지시를 받은 양, A 본부장의 생각이 어디에 있다는 등, 진짜인지 헛소문인지 알 수 없는 이야기들이 소설처럼 확대되어 갔다. 소문은 점점 확대되어서 둘의 관계에 대하여 이상한 방향으로 나타났지만, A 본부장만 알아차리지 못하는 것 같았다. 점점 더 A 본부장과 B의 친한 관계, 어쩌면 이상한 관계처럼 소문은 확대되어 가면서 아무도 그러한 일을 이의 제기하거나 막으려 하지도 않게 되었다.

그 후 B는 자기를 통해야만 모든 일이 이루어질 듯 스스로 소문내게 되고 보이지 않는 권력으로 자리 잡아 갔다. 심지어 A 본부장의 이름을 팔아 없던 일도 만들거나, 새로운 권력으로 행세하였다. 당연히 조직의 분위기는 흉흉해져 버리고 문제가 있어도 아무도 A 본부장에게 보고하지 않거나 숨기게 되어 버렸다.

건물 관리업을 하는 H사의 B 관리소장은 평소 회사 내에 근무하는 잡역부-주로 연세가 많이 든 건물 내 청소를 담당하는 남녀 직원들-들에게 언제나 말을 함부로 했다. 오히려 젊은 직원들에게는 함부로 하지 못하면서도, 직위가 낮은 잡역부들에게는 하대하는 것은 물론 가끔은 생각하기에 따라서는 성희롱적 발언도 서슴지 않았다. 물론 잡역부로 근무하는 남녀 직원들은 연세도 많지만 상대의 직책이 관리소장이니 그 지시를 받아서 건물 청소 등을 담당하는 처지에서는 속내를 드러내지 못하고 그 순간은 꾹 눌러 참으며 넘어갔었던 것 같다.

그러던 어느 날 연세가 지긋하신 여직원 중 한 명이 집에 가서 관리소장에게 무시당하고 성희롱당한 이야기를 하게 되었고, 그녀의 아들은 회사 CEO에게 항의하는 메일을 발송하기에 이르렀다. CEO가 확인하려고 나서게 되니, 회사 내에 그러한 소문이 금방 퍼지게 되었다. 그동안 B 관리소장에게 불만을 품고 있던 다른 직원들도 덩달아 B 소장의 횡포를 터뜨리기 시작하였고, 결국은 회사에서는 B 소장을 보직 해임할 수밖에 없는 상황에 이르게 되었다.

### 리더는 누구에게나 행동을 조심하여야 한다.

조직의 리더는 누구에게나 공평해야 한다. 물론 리더에게는 심복이 있을 수도 있고, 더 마음에 드는 직원이 없을 수는 없겠지만, 공식적이든 비공식적이든 항상 누구에게나 공평해야 하는 것이다. 자기의 마음에 드는 직원이거나 심복이라는 직원이 행한 잘못을 못 본 체하거나 그들의 비리를 용서해 버리면, 그 잘못이나 비리가 심복에 의해 더욱 커지게 될 것이고 조직을 망가뜨릴 수밖에 없다. 오히려 심복들의 잘못을 엄중히 문책해야 한다. 그들의 의견만을 듣고 다른 사람의 의견을 듣지 않거나 무시해 버린다면 리더는 곧 귀머거리가 될 것이다. 또한, 새로운 권력이 되어 전체 조직을 흔들게 될 것이다. 옛말에 '바늘 도둑이 소도둑 된다'고 하였다. 심복의 비리를 눈감아 주면 그들이 새로운 권력이 될 것이고 언젠가는 리더의 자리를 틀림없이 위태롭게 하게 될 것이다. 그뿐 아니라 그 심복 외의 모든 사람을 적으로 만들게 될 것이다.

또한, 리더는 마음에 들지 않는 직원이라도 그들을 적대시해서는 안 된다. 당연히 조직 내 구성원인 그들이 적이 된다면 조직이 온전하게 유지될 수는 없다. 적대시한다는 것이 꼭 적으로 대한다는 것이 아니라 하더라도 그들을 무시하고, 공평하게 대하지 않으며, 함부로 대한다면 적이 되어 버릴 수도 있다.

심복이 아닌 직원들의 의견을 무시하며, 똑같은 성공이나 잘못이 있는 경우에도 심복에게만 더 나은 성공의 보상을 하고, 심복이 아닌 자에게는 더 크게 잘못에 대한 책임을 묻는다면 그것이 리더 스스로 적을 만드는 것이다.

조직 내에 적에게 급여를 주면서 유지해야 할 필요가 있는가는 반드시 돌이켜 보아야 한다. 또한, 말이나 행동을 함부로 하거나, 상대방의 인격을 존중하지 아니하고 자존심을 상하게 하는 것이 직원들 마음속에 한을 품게 하고 그들 또한 적으로 만드는 것이다.

리더는 누구에게나 공평해야 한다. 심복을 지나치게 대우하면 새

로운 권력이 된다. 공평하지 않으면 불공정을 당한 많은 사람을 적
으로 만들 뿐 아니라 리더의 권력이 부족하거나 약화될 경우에는
리더의 자리를 위태롭게 하는 적이 될 것이다.

# 45 > > > > > 직원을 이성적으로 대하지 마라

요즈음 주변에서 보면 사내 연애를 통해 결혼에 골인했다고 하는 사람들을 쉽게 만날 수 있다. 남녀 간의 사랑은 아름다운 것이니 사내 연애를 통해 새로운 쌍이 탄생한다는 것도 충분히 축복할 수 있는 일이다. 남녀 혼성 조직에서 남녀 직원들 간에 사내 연애도 이루어질 수 있고, 그것으로 인해 서로 인생의 반려자를 찾는 일 또한 그렇게 나쁘다고만 할 수는 없다. 어차피 생활이 바쁜 젊은이들이 사내 연애를 통해서라도 검증된 반려자를 찾는다면 건전한 가정과 이 사회를 위해서도 바람직한 일이라고 보여지니 굳이 말려야 할 일은 아닐 것 같다.

그러나 여성 조직을 관장하는 리더가 그 사내 연애의 당사자가 된다면 이야기는 조금 달라질 수도 있을 것이다. 조직의 구성원들은 남녀 누구나 정도의 차이는 있겠지만, 자기 조직의 리더의 관심을 받고 싶어 하고, 리더로부터의 관심의 대상이 되고 싶어 한다. 그런데 리더가 자기 구성원과의 사내 연애로 어느 한 사람에게 관심을 집중하게 된다면 그 연애 기간만이라도 업무 처리가 공평하지 않을 수 있으며, 설사 리더 스스로 공평하게 처리한다고 주장하여도 다른 직원들의 처지에서는 공평하다고 느끼지 못하게 될 것이다. 이 것만으로도 그 외의 많은 직원으로부터 시샘과 불만의 대상이 될 것은 자명하다. 더구나 만일 리더와 그 상대방 여성 직원이 서로 책임질 수 없는 이성 관계로 발전된다면 그것은 불륜에 다름없으며 더 이상 조직 내에서 리더로서도 근무하기 어렵게 될 것이다.

## 여성 조직의 리더는 누구도 이성적으로 대하지 마라.

꽤 여러 해 전 K 영업소장이 N영업소에 부임해 왔다. 남자 중심 조직에서 근무하다가 처음으로 영업직원 전부 여성들만 근무하는 영업소장이 되었으니, 초기에는 당연히 많은 혼란을 겪었을 것으로 짐작되었다. 그러나 K 소장은 행동을 조심하지 못하였고, 그중 미모가 뛰어난 신입 영업직원 M에게 늘 관심을 보이게 되었다. M은 신입 영업직원으로 K 소장의 의도를 알지 못하고, 영업소장이 보여주는 관심이 고맙다고 느껴졌으므로 늘 K 소장의 말에 잘 따랐을 뿐 아니라 가깝게 대할 수밖에 없게 되었다.

M의 입장에서는 그저 고마울 뿐이었지만, K 소장은 자꾸만 이상한 방향으로 M을 유도해 나가고자 하였다. 당연히 둘 다 나이가 있는 기혼자였으니 있어서는 안 되는 관계였음은 틀림없었다. 이상한 낌새를 눈치채고 여러 번 경고를 하고 주의를 주었지만, 가정도 있는 K 소장은 M을 따라다니는 등 상식 밖의 행동을 하기에 이르렀

다. 둘 사이의 관계가 심각하게 진전되었는지는 알 수 없었지만, 영업소 내 주변의 모든 직원이 이러한 일을 알아채고 K 소장을 멀리하게 되고, 수시로 지점장인 내게 그들의 행동에 대한 보고가 올라오게 되었다. 점차 영업소 내에서 아무도 K 소장의 지시를 따르지 않았고, 구성원들의 조직 이탈도 자꾸 발생하였다. 더구나 영업소 실적이 급격히 하향곡선을 그리게 된 것은 어찌 보면 당연한 일이었다. 결국에는 일은 점점 커지게 되고 M이 먼저 직장을 떠나게 되었고, K도 실적 저하뿐 아니라, 여러 가지 문제를 일으키면서 더 이상 소장으로 근무하지 못하고 회사를 그만두게 되었다.

Y 부장은 볼링 마니아였다. 매월 볼링 동호회에 참석하여 회사 내 직원들과 함께 하는 것을 좋아하였다. 사실 사내 볼링 동호회는 남자 직원들보다 여직원들이 훨씬 더 많았고 신입 여사원들은 누구나 가입하고 싶어 하기도 하였다. 볼링 게임이 끝나고 나면 대부분 회식이 이어졌는데 평소 같은 부서에 근무하는 여직원인 J가 부담없이 늘 옆에 앉아 함께 술도 나누게 되니, 더욱 가깝게 되고 이성으로서의 관심도 싹트게 되었던 것 같다.

그 둘만의 내막이야 더 이상 알 수 없지만, 결국에는 소문이 확대되고 두 사람이 이성 관계로 발전하면서 문제가 커지게 되었다. 회사 내에서도 그 내용이 기정사실로 되어 퍼지면서 부서장으로서 부서원 모두에게 신뢰를 잃게 되고 둘 다 회사를 떠나갈 수밖에 없게 되었다. 기혼자인 Y 부장의 가정도 결국 깨지게 되었지만, 그 후 어떻게 되었는지는 모른다.

평생을 여성들이 많이 근무하는 조직에서만 근무하다 보니 조직의 장과 조직 구성원인 직원 간 이성적 관계, 정상적이 아닌 부정한 관계로 발전하는 것을 여러 번 보아 왔지만, 좋은 결말로 이어진 것을 한 번도 본 적이 없다. 두 사람의 위치에 대한 문제뿐 아니라, 조직에 미치는 파급 효과도 결코 작다고 할 수 없는 부정적인 영향으로 나타나는 것을 수없이 보아 왔다.

## 책임질 수 없는 남녀 관계 절대 만들지 말라.

리더로서 책임질 수 없는 조직 내 이성적 관계는 절대 금물이다. 조직 밖에서 일어나는 비상식적 이성 관계야 사회적 지탄을 받으면 그만이지만, 조직 내에서는 조직의 융합을 깨뜨리게 될 뿐만 아니라 리더나 상대방 당사자도 구성원의 지위를 유지하기 힘들어 지게 된다. 그뿐 아니라 조직 내 다른 구성원들로부터 비난의 대상이 될 것이고 당사자 외의 다른 직원들이 불공평한 대우를 받는다고 느끼게 될 것이다. 당연히 조직의 화합이 깨짐으로 인한 조직의 성과도 하향하게 될 것이다.

그러나 만일 리더와 직원 간 서로 놓칠 수 없는 이성적 관계로 발전되었다면, 즉 평생의 반려자로 상대방을 찾았다면 조속히 공개하는 것이 좋다. 그리고 그 관계에 좋은 결말을 맺어야 할 것이고 반드시 상대방을 지켜 주어야 한다. 그리고 나면 모든 직원들을 협조자로 만들 수도 있으며, 직원들로부터 책임 있는 리더로 칭송을 받을 수도 있다. 조직 내 이성 관계가 생기면 동료 여직원들은 통상 한통

속이 되어 이성 관계 당사자인 여성의 배후나 친정 역할까지 하려 들게 될 것이다. 이미 모두가 아는 일이 되었는데도 리더가 이성 관계를 부인하거나 양다리를 걸치게 되면 그는 곧 시정잡배로 평가절하될 것이며, 아무도 상대하려 하지 않으며, 모두가 리더를 떠나갈 것이다. 그뿐만 아니라 모든 직원들의 입방아에 오르내리게 되고 리더로서의 생명도 끝날 것이다.

리더는 책임질 수 없는 남녀 관계를 절대 만들지 말아야 할 뿐 아니라 다른 이들에게 오해받을 만한 행동을 조금도 보여서는 안 된다. 남자들은 친하거나 안 친하거나 다른 사람들의 관계를 보아도 잘 알아차리지도 못할 뿐 아니라 잘 표시하지도 않는다. 자기가 추구하는 목표가 아니라면 남자들은 그러한 데에 별로 관심이 없기 때문이다. 그러나 여성 조직의 경우에는 여성의 특성상 리더들은 행동을 조심하지 않으면, 소문에서 자유로울 수 없게 될 것이다. 소문을 무시해 버리면 그만이라고 대부분 남자들은 생각하지만, 잘못된 소문으로 인해 조직 내 커뮤니케이션이 단절되거나 신뢰 관계가 깨지기도 하며, 심지어는 새로운 권력이 탄생하기도 해서 정상적인 업무가 방해되고 조직 활성화에도 크게 걸림돌이 되는 것이므로 절대 무시해서는 안 된다.

함부로 손잡지 마라. 한 사람하고만 자꾸 손잡으면, 잤다고 소문 날 것이다.

# 46 > > > > > 배려할 때는 상대방의 처지에서

사람은 누구나 상대방으로부터 배려받고 싶어한다. 가정 내에서도 남편이나 아내나 상대방에게 배려받고 싶어한다. 개인적 차이는 있겠지만, 대부분의 사람들은 상대방의 배려에 담긴 마음을 금방 알아차리며, 조직 내에서도 알게 모르게 배려받고 또한 존중받고 싶어하며, 특히 리더로부터 세심한 배려를 받고 싶어한다. 세심한 배려는 배려를 받는 상대방을 감동시킨다.

따라서 리더가 조직 구성원들을 대상으로 그들을 존중하고 배려하는 것은 직원들을 감동시킬 수 있는 핵심 비법 중 하나라고 할 수 있다. 리더로부터 존중과 배려를 받는 직원들은 그것에 감동함으로써 리더와 조직에 대한 로열티를 충족시키고 나아가서는 일에 대한 열정을 갖게 될 것이며 더 높은 성과를 내게 될 것이다. 사전에서는 배려한다는 것은 상대방에 대해서 '도와주거나 보살펴 주려고 마음을 쓴다'고 표현하고 있다. 그렇다면 리더의 직위에서 부하 직원들을 배려하려면 어떻게 해야 할까?

## 배려는 그들의 어려움을 이해하고 해결해 주는 것이다.

여직원 500여 명과 함께 근무해야 하는 콜센터는 여러 가지 신경 써야 할 일이 많았다. 특히 여성들의 생리 문제조차도 중요한 관심사가 될 수밖에 없었다. 대부분의 콜센터도 그렇지만, 내가 근무하던 콜센터도 남자 직원이라고는 나 외에 두서너 명뿐이고 나머지는 전부 여직원인데 충마다 화장실은 남녀 모두 두 칸씩이니 동시에 화장실을 이용해야 하는 경우가 발생할 때마다 줄을 서게 되고 시간적으로 손실이 발생하여 업무 생산성 측면에서는 매우 큰 문제였다. 업무 중에야 동시에 화장실을 이용하는 경우가 별로 없으니 그렇다 쳐도 출근 시간이나 점심시간을 전후하면, 화장실 앞에서 줄을 서야만 하는 경우가 자주 발생했다.

최근에야 콜센터 전용 건물들이 생기면서 여자 화장실이 남자 화장실 칸의 다섯 배 이상 되는 건물들이 일부 지역에 등장했지만, 기존 업무 빌딩 내에서는 매우 난감한 문제였다. 여직원들의 불필요한 시간을 줄이기 위해 콜센터가 쓰는 층 전체의 화장실을 여자 화장실로 바꾸었다. 앞의 화장실 표식을 바꾼 것뿐 아니라 남성용 소변기도 사용하지 못하게 하였다. 12층 건물 중 6층까지가 전부 콜센터였으니 근무하는 내내 나를 포함한 남자 직원들은 화장실을 이용하려면 엘리베이터를 이용하여 다른 층으로 이동하는 수밖에 없었다. 그 후 우리 회사를 많은 회사가 벤치마킹한 탓만은 아니겠지만, 동일한 고민을 앉고 있던 많은 콜센터가 지금은 비슷한 화장실 운용 방식을 쓰고 있다.

여직원들에게 또 하나 중요한 문제는 생리이다. 매월 거의 정기적으로 맞이하는 일이건만 본인조차도 정확한 날짜를 알 수 없으니 그런 일이 생기면 직원들은 당황하기 일쑤였다. 사무실 근처에서 약국이나 마트도 거리가 꽤 있어 급한 경우에는 주변 동료들에게 빌리지 않으면 쉽게 생리대를 구할 수 있는 조건도 되지 않았다. 그러니 그때가 되면, 직원들에겐 말하기 어려운 문제들이 발생하곤 하였다.

나는 회사의 복리후생 예산 중에서 회식비 등 다른 소모적인 예산을 일부 줄이고, 생리대를 대량으로 구매하여 회사 휴게실 내에 비치하기로 하였다. 단, 관리자들을 통해 조건을 붙였다. "집에 가지고 가지 마라. 예산은 한정적이다. 꼭 필요할 때와 급할 때만 사용해 주면 좋겠다. 예산이 심각히 초과되면 이 지원은 중단될 것이다." 예상대로 집행된 예산을 10여 년간 점검해 보면 지속적으로 직원들은 지시를 잘 따라주었다. 항상 예산 집행을 공개하고 스스로 통제하게 하였더니 아무도 개인 핸드백 속에 넣거나, 들고 나르거나 하지 않았던 듯하다. 소모되는 양도 매우 적은 수준으로 늘 유지되었고 예산 관리도 잘 지켜졌다. 10여 년이 지난 지금도 그 제도를 여전히 시행하고 있으니 아직까지 별문제가 발생한 적이 없는 것으로 보인다.

콜센터 운영 초기에 보니 여직원들이 커피믹스를 구매하여 개인적으로 책상 속에 보관하고 혼자서만 마시는 것을 몇 번 목격하게 되었다. 그 이유를 물은 즉 충격적인 답이 돌아왔다. "회사 커피가 너무 맛이 없어요." 사실 인원이 많다 보니 커피를 비롯한 음료값이 어마어마하긴 하였다. 그러다 보니 전임자가 커피값이 많이 든다고 시중에서 가장 싼 커피를 사서 타 먹게 하였는데 직원들 입장에서는 커피 맛이 없다고 개인 돈으로 별도의 커피를 사서 개인별로 숨겨 두고 타서 먹는 것이었다.

나는 커피 자판기를 층마다 한 대씩 설치하여 무료로 사용하게 하였다. 그리고는 시중 자판기용 커피 중 가장 최고급 수준의 고급 커피를 구매하여 사용하게 하였다. 커피 맛이 달라지니 직원들이 더 이상 개인적으로 커피를 소지하지 않게 되었다. 전체 비용은 고급 자판기 커피를 구매하여 사용하였는데도 불구하고 낱개들이 커피믹스를 구매하여 사용하는 것보다 오히려 적게 들었다. 또한, 직원들이 커피를 타는 시간이 줄어들었다. 예를 들어 한 명이 커피 타는 시간이 한 잔당 1분이 줄어들었다고 감안하고, 하루 3잔을 마신다고 하면 콜센터 전체로 하루 감소 시간은 1,500분인데 이것은 25시간에 해당한다. 한 직원이 하루 순 통화 시간<sub>고객과 통화 시간</sub>이 5시간을 넘지 않으니, 5명의 인건비가 감소되었다고도 볼 수 있는 것이다. 다시 말하면, 인건비 감소 비용으로 고급 커피를 마시고도 오히려 비용은 남았다고 볼 수 있었다. 추가로 원두커피를 마실 수 있도록 배려했음은 물론이다.

## 배려는 가장 중요한 또 하나의 동기부여 수단이다.

여성 직원들을 배려한다는 것은 매우 중요하다. 혹자는 월급을 주었으니 직원들이 알아서 일하지 않겠느냐고 하기도 하지만, 그러나 월급을 준다는 것은 노동의 정상적인 대가이니 기계에 당연히 행하여 할 기름칠을 하는 것과 같은 의미가 아닌가 생각된다. 기름칠한 기계가 기름칠하지 않은 기계보다 성능을 잘 유지하겠지만, 그렇다고 가능한 성능을 스스로 배가 시키지는 않는다. 그러나 사람은 다르다. 직원들에 대한 배려는 직원들을 동기부여 할 뿐 아니라 충성스럽게 만들기도 하며, 리더에 대한 무한한 애정과 신뢰가 쌓일 수 있게 하는 것이다. 사람은 기계와 달라 동기부여 되고 애정과 신뢰가 쌓이면 가능한 성능이 무한대로 끌어올려 지는 것이다.

일부 어떤 리더들은 직원들을 배려하려면 많은 비용이 추가로 들어가는 것을 매우 우려하기도 한다. 그러나 그 들어가는 비용 대신 생산성을 향상시킴으로써 더 많은 효과를 낸다면, 그것이 오히려 조직 입장에서는 더 이익이 아닐까 생각된다.

배려한다는 것은 첫째, 그들을 이해해 주는 것이다. 그들의 어려움을 이해하고 힘든 상태를 이해하고, 피곤함을 이해하고, 가정 내 문제를 이해해 주는 것이다. 둘째는 리더로서 감사한 마음을 진심으로 그들에게 직접 전하는 것이다. 그러면 배려의 결과로 직원들을 동기부여 하게 되고, 조직의 성과를 극대화하게 될 것이다.

# 47 > > > > > 어떠한 직급이라도 정중하게 대우하라, 큰 우군을 얻을 것이다

　우리 사회의 일반적인 조직에서는 직급이 높은 상사가 직급이 낮은 아래 부하 직원에게 아무 때나 반말을 하고 하대하는 것을 우리는 보통 아무렇지도 않게 생각하는 경우가 많다. 특히 별로 친하지 않은 직원이라도 남성 조직에서는 나이보다는 직급이 우선하는 경우가 대부분이다.

　요즈음 기업 드라마에서 보면 아주 젊은 임원이 아버지뻘 되는 부하 직원에게 함부로 욕을 해대거나 반말하는 경우가 종종 나오는데, 30여 년간 직장생활을 하였어도 실제 그런 경우는 본 적도, 경험해 본 적도 없다. 반대로 부하 직원이 나이가 많다고 하더라도 젊은 상사에게 반말하는 예도 둘의 사이가 매우 가깝지 않은 이상 매우 보기 드문 것 또한 사실이다. 그러나 여성 조직의 경우는 앞에서도 언급했지만, 경험상 보면 직급보다는 나이가 우선하는 경우가 많다. 같은 조직의 구성원인 여성 직원끼리도 그렇겠지만, 남성 상사가 부하 직원인 여성을 대할 때도 이 부분은 매우 조심스럽다. 사실 직급이 낮은 여성 직원이 나이가 많은 경우는 물론이고, 혹 나이가 어리다고 리더가 함부로 반말을 하는 것도 보기에 썩 좋아 보이지 않을 뿐더러 직원들의 반발을 불러일으키기 쉽다는 것을 알아야 한다. 부하 직원들에게 반말하는 것이 습관화되어 있는 남성조직의 리더들이 여성 조직의 리더가 되었을 때, 여성인 직원들에게 함부로 반말했다가 은근히 반발하거나 이유를 알지 못한 채 조직 내에서 왕따를 당하는 경험을 하는 경우도 많이 있을 것이다. 여성 직원들의 경우 리더의 반말이나 그들을 함부로 대하는 경우 마음에 상처를 입거나 자존심을 심하게 다칠 뿐 아니라 리더나 조직에게 등을 돌릴 수도 있음을 잊어서는 안 될 것이다.

반대로 리더가 부하 직원들에게 정중하게 대한다면 부하 직원들은 리더에게 존중받았다고 생각함으로 리더에 대한 인식이 긍정적으로 바뀜은 물론 리더를 더욱 존경하게 될 것이고, 리더는 큰 우군을 얻게 될 것임은 분명하다.

## 누구든지 정중하게 대하면 큰 우군을 얻게 된다.

내 기억에는 타 부서의 어린 여직원은 물론이고, 건물의 청소를 하는 아주머니에게도 함부로 반말을 하거나 하대하거나 한 적이 거의 없다. 아마 처음부터 그런 것이 아니라 여성 직원들과 오래 근무하면서 자연스럽게 그렇게 되었을 것이다. 물론 우리 부서 직원 중에서도 오랫동안 같이 근무하거나 여러 번 면담 등을 통해 어느 정도 친해졌다고 판단되지 않으면 절대 반말을 하지 않았다. 특히 청소를 해주시는 아주머니들에게도 항상 존대하였다. 오래전 그때는 건물을 청소해 주는 아주머니들이 직원들 책상까지 청소해 주던 시절이라 명절이면 작은 선물이라도 준비하여 드리곤 하였다. 당연히 그분들로부터도 언제나 많은 배려를 받았다. 특히 화장실 청소할 때면 먼저 부담스럽지 않게 자리를 비켜 드리곤 하였지만, 반대로 내가 화장실을 이용하게 될 때면 특별한 경우가 아니면 청소를 멈추고 자리를 비켜 주기도 하였다.

그 당시에는 여러 창구에서 직접 계약자들의 보험료를 수납하던 시절이라 여러 가지 작은 금전 사고도 많았는데, 어느 날인가 청소하는 아주머니가 조용히 다가와 화장실에서 청소하면서 느낀 이상한 낌새를 전달해 주셨다. 결국 바로 조사해 보니 어린 여직원이 조그만 사고를 쳤는데 더 확대되기 전에 조기에 막을 수 있게 되었다. 아무도 몰랐던 일을, 더구나 더 크게 확장될 수 있었던 일을 조기에 막을 수 있는 귀띔을 해주신 것이다. 평소 그분들을 함부로 대하거나, 모른 척하고 지나쳤다면 그러한 귀중한 정보를 얻을 수도 없었을 것이고, 조직의 책임자인 나에게 그렇게 쉽게 와서 정보를 제공하지도 않았을 것이다. 리더는 누구에게나 정중해야 한다.

콜센터 사업본부장으로 근무하던 시절, 직원들 중에는 나이가 다른 직원들보다 월등히 많은 여직원이 한 명 있었다. 나보다는 4~5세 아래였으니, 아주 어린 직원들하고는 거의 20년 가까운 차이가 있었다. 장애도 좀 있었지만, 나이 차이가 크게 나다 보니 직급은 사원임에도 직책이나 업무 능력과 관계없이 같은 지역의 학교 후배를 비롯한 많은 여직원이 개인적인 여러 가지 고민이나 가정 내 어려운 문제들을 자주 만나서 상담하는 인생 상담자의 역할을 조직 내에서 톡톡히 해주곤 하였다. 다른 직원들하고도 자주 면담을 하였지만, 나는 가끔 시간적 여유가 있을 때면 종종 내 사무실로 그 여직원을 불러 차를 대접하기도 하고, 힘들지 않은지 물어보기도 하면서 여러 가지 이야기를 나누곤 하였다.

의도한 것은 아니었으나, 그러한 기회에 그 직원을 통하여 사무실 내 직원들이 하고 있는 고민이나 어려운 점들을 자주 들을 수 있었다. 누구의 일인지는 절대 나에게 발설하지 않았으나, 직원들의 힘들고 어려운 생생한 이야기를 들을 수 있었다. 나이나 사회 경험이 많다 보니 직원들에 대한 비난이나 잘못된 점들에 대해서는 잘 걸러 주면서도 조직 내 특이한 분위기도 자연스럽게 파악할 수 있는 기회를 얻곤 하였다. 아울러 내가 생각하는 직원들에 대한 입장, 직원들을 설득해야 하는 중요한 사항, 그들이 하는 고민에 대한 나의 생각들을 가감 없이 이야기하는 기회도 되었다. 결과적으로 보면 그 직원을 통하여 직원들의 생각이나 얘기들을 들을 수 있는 기회가 있었던 것처럼 나의 생각이나 주장 또는 회사의 입장 등 그러한 이야기들이 직원들에게 자연스럽게 흘러 들어갈 수 있는 기회가 되었을 것으로 생각된다.

### 부하 직원에게 존댓말을 하는 리더가 더 존경받는다.

이러한 경우들은 리더가 비공식 채널을 운영하는 것과는 전혀 다르다. 직원들 중 많은 사람에게 존경받거나 의견의 중심이 되는 사람들을 잘 대우하다 보면 그들이 직원들의 대변자가 되기도 하지만, 조직이나 회사의 중요한 대변자가 되기도 하는 것이다.

남성 조직의 리더도 마찬가지겠지만, 특히 여성 조직의 리더는 모든 이들에게 정중해야 한다. 여성은 남성보다 감성적이므로 아주 가까운 사이가 아닌 이상, 상사나 조직의 리더라 하더라도 함부로 내뱉는 거친 표현이나 반말에 마음을 다치는 경우가 매우 많다. 리더가 어린 여직원에게라도 정중한 표현을 쓰고 존댓말을 사용하는 것이 결코 리더의 위신을 깎아내리는 것이 아닐 수 있다. 오히려 리더의 정중한 표현은 아무도 함부로 리더를 대할 수 없게 만든다. 반말을 아무에게나 함부로 하는 리더보다 평소 누구에게나 깍듯이 존댓말을 사용하는 리더가 훨씬 어렵고 무서운 법이다.

어떠한 직급이라도 누구에게든지 리더는 정중하게 대하라. 업무의 지시나 업무 진행을 위해 꼭 필요한 경우가 아니라면 상대방을 존중해 주는 것은 항상 중요하다. 부하 직원들에 대한 존중은 먼저 정중한 언어 표현이나 행동에서 나온다. 리더에게 존중받은 부하 직원들은 리더와 조직에 대해 더욱 충성스럽게 될 뿐만 아니라 조직의 해로운 정보를 사전에 알려 주거나 어렵고 힘들 때 리더와 조직에 큰 우군이 될 것이다.

누구에게나 정중하라. 부하 직원 아무에게나 함부로 반말하는 것이 리더의 지위를 높여주거나 리더의 위신을 세우는 것은 결코 아니란 것을 반드시 명심해야 할 것이다.

# 48 > > > > > 제3자에 대한 비난에
# 귀 기울이지 마라

직장인들이 상사가 없는 술자리를 가지는 이유는 상사가 없는 데서 안주 삼아 상사의 흉을 보거나 상사의 실수, 단점을 이야깃거리로 삼아 잠깐이나마 상사나 직장의 일로 인한 스트레스를 해소하는 긍정적인 면도 없지는 않을 것이다. 상사가 아니더라도 남들이 저지른 잘못이나 타인에 대해 흉을 보는 것은 샘이나 질투 때문에 그렇게 했든, 답답한 마음 때문이었든 개인들에게는 카타르시스마저 느끼게 할지도 모른다. 그러나 그러한 자리에서 나누었던 이야기들이 조직 내에 소문이 되고 비난이 된다면 조직의 화합에는 분명 마이너스가 될 것이다. 그렇지만 그러한 내용들이 일부 직원들을 통해서 조직 내에 비공식적으로 소문으로 형성되거나 부풀어지는 경우는 매우 많을 것이다. 그런데 직장인들 누구나 남들에 대해 그들의 흉이나 잘못을 드러내 놓고 소문을 내고 다니는 것은 아니다. 제3자에 대해 비난하거나 흉을 보는 것도 일부 사람들만 가지고 있는 잘못된 습관이고 좋지 못한 특성인 것은 분명하다.

거꾸로 조직의 리더 근처에는 리더에게 잘 보이기 위해서 또는 리더에게 접근하거나 친해지기 위해서 조직 내 제3자 직원에 대한 이야기를 하고자 하는 사람들이 모여들기도 한다. 특히 리더가 처음 부임해서 조직을 파악하기 전에는 더 많은 사람이 신임 리더에게 잘 보이려고 제3자 직원의 이야기를 많이 하기도 한다. 그러나 그 이야기의 대상들이 온전하다고 하여도 많은 문제가 있겠지만, 대부분은 허무맹랑하거나 본인이 주로 싫어하는 사람 또는 회사 내의 경쟁자들에 대한 비난이나 흉을 리더가 들어 주기를 바라는 경우가 많을 것이다. 경우에 따라서는 회사 내에서 제3자가 저지른 업무 처리상 중요한 잘못에 대한 내용일 수도 있겠지만, 대부분은 시샘이나 질투하는 등의 이야기가 더 많은 부분을 차지하고 있을 수도 있다.

이러한 제3자에 대한 비난을 들어 주기 시작하면, 리더는 점점 더 많은 이야기를 들을 수 있게 된다. 그러한 이야기를 끄집어내는 직원들은 통상 제한되어 있으나 리더가 그런 얘기에 솔깃하거나 몰두하다 보면 제3자에 대한 이야기를 하는 직원이 늘어날 뿐 아니라 그들을 통해 점점 더 많은 이야기가 리더의 귀에 들리게 되고, 지속적으로 추가 재생산되고 확대된다. 문제는 그러한 제3자에 대한 비난이 조직에 필요없는 내용이 대부분일 수도 있으며, 또한 진실이 아니거나, 그러한 내용을 이야기하는 직원들이 리더에게만 이야기하는 것도 아니라는 것이다. 그들은 조직 내에 필요 없는 내용을 진실도 아니면서 조직 전체를 두루 돌아다니며, 제3자에 대한 비난을 퍼뜨리는 것뿐만 아니라 점점 없는 소문도 만들어 내거나 부풀리기도 한다는 것이다. 그뿐만 아니라 리더에 대한 비난도 다른 제3자나 심지어 다른 조직의 리더나, 리더의 리더에게도 이야기한다는 것이다.

## 제3자에 대한 이야기는 대부분 허무맹랑하거나 쓸모없는 것이다.

L사의 K 임원은 부하 직원들이 임원에게 와서 하는 제3자에 대한 비난 등 얘기를 절대 듣지 않았다. 오히려 겉으로는 표현하지 않아도 그런 얘기를 하는 직원들을 절대 신뢰하지 않았다. 아무리 가까운 심복이라고 할 수 있는 직원들이 와서 제3자에 대한 비난 등을 이야기해도 잘 들으려 하지 않았지만, 어쩌다가 회사 내에 중요한 문제점이라고 생각되는 소문이 생기면, 두 번 세 번 다양한 루트를 통해 반복해서 사실을 확인하고 나서야 조치를 취하도록 하였다. 그저 남의 얘기만, 그저 비난 같은 이야기만 듣고 조치하는 적이한 번도 없었다. 남에 대한 비난을 일체 듣지 않는 데다가 남에 대한 비난을 하고 다니는 직원을 오히려 신뢰하지 않았으니 비서실장격인 나조차도 들리는 소문을 함부로 보고할 수 없게 되었다. 당연히 K 임원이 총괄하는 영업 조직에서는 이상한 소문이 돌거나, 진실이 아닌 비난들이 난무하거나 하는 경우가 없었다. 오히려 모두가 남을 비난하는 일에 조심했을 뿐 아니라, 대부분 많은 직원이 오랫동안 K 임원을 존경했음은 물론이다.

콜센터 사업본부장 시절, 직원 수가 많은 콜센터에서는 별의별 해괴한 소문들이 많이 돌아다녔다. 특히 그 내용은 남에 대해 흉을 보거나 비난하는 내용들이 무척 많았다. 그 내용이란 것이 회사 업무하고 관련 있는 경우도 가끔은 있지만, 대부분은 확인되지 않거나 확인하기도 구차스러운 개인적인 일들이 대부분이었다. 심지어 "누구는 이혼했다.", "걔 성형했대.", "걔는 명품만 들고 다니는데 돈이 어디서 날까?" 등등 확인할 필요도 없고, 확인해도 조직에 도움되지 않는 내용들이 태반이었다. 이런 경우 들어 주지 않는 것이 가장 좋은 방법이었다. 회사의 업무와 관련된 사항은 조용히 다른 루트를 통해 확인해 보고 문제가 있으면 가능한 한 공개적으로 처리하면 되는 것이고, 그렇지 않은 경우는 전부 묵살해 버리곤 하였다.

### 제3자에 대한 비난을 들어 주는 리더는 조직을 쪼개는 일에 협력하는 것이다.

남에 대한 비난이나 흉 등을 거리낌 없이 얘기하게 내버려 두거나 리더가 그들의 말에 관심을 가지게 되면 점점 소문이 다양해지고 확대 재생산되어 간다. 그런데 그러한 일들이 직원들 입방아에 오르내리다 보면 그러한 비난의 대상이 되는 당사자와는 소문의 원천이 되는 직원과는 조직 내에서 큰 싸움이 일어나 원수가 되기도 하고, 조직을 깨뜨리는 중차대한 일도 벌어질 수 있는 것이다. 또한, 조직 내에서 서로 신뢰가 깨어지게 된다. '누가 누구 욕을 하고 다니더라.' 하는 말이 퍼지기 시작하면 서로서로 의심하게 되고 신뢰하지 못하게 되어 조직의 화합이 되지 않는 것이다. 또한, 리더에게 다른 직원, 제3자에 대한 비난이나 흉을 보는 이야기를 하는 사람들은 리더에게만 하는 법이 절대로 없다. 조직 내 많은 사람에게 똑같은 이야기를 하고 다닐뿐더러 매번 반복하다 보면 이야기는 눈덩이처럼 불어나게 되고 나중에는 리더에 대한 비난이나 흉도 여러 사람에게 이야기하고 다니는 것이다. 심지어는 그 내용이 리더조차 모르는 내용인 것도 허다하다는 것이다. 제3자에 대한 비난을 많이 하는 직원을 절대 가까이 두지 말라. 절대 신뢰할 수 없는 직원이다. 그들이 말하는 비난이 진실이든 아니든 자꾸 소문은 커지게 되어 조직 전체 화합에 크게 역행하게 될 것이다.

만약 회사의 업무와 관련된 중요한 소문을 들었을 경우에는 철저히 다양한 루트를 통해서 확인하고 나서 철저히 조치하면 된다. 또한, 업무적인 경우 문제점은 공론화시키든가 가능한 공개적으로 처리하는 것이 문제 해결에 도움을 주게 될 것이다. 절대로 한 쪽의 이야기만으로 제3자에 대해 판단하는 리더들은 조직을 둘로 셋으로 쪼개는 일을 스스로 저지르는 것이다.

누구든 제3자에 대한 비난을 절대로 들어 주지 마라. 그러한 비난을 퍼뜨리고 다니는 그 사람이 조직 내 가장 유해한 바이러스이다. 다시 말하면 그 직원이 바로 조직의 화합을 깨뜨리는 병원균이라는 말이다.

# 49 > > > > > 관심을 표시하라, 관심이 그들을 동기부여 한다

사람은 남녀를 불문하고 서로 정도의 차이는 있겠지만, 누구나 상대방이 나에게 관심 가져 주기를 바란다. 어릴 때는 부모님이 나에게 관심 가져 주기를 바라고, 학교에 가면 선생님이 나에게 더욱 관심 가져 주기를 바란다. 성인이 되어서는 이성뿐만 아니라 직장 내에서도 상사나 동료들이 나에게 관심 가져 주기를 바란다. 물론 가정 내에서도 아내나 남편이 또는 아이들이 나에게 관심 가져 주기를 바란다. 어릴 때에야 부모나 선생님의 관심을 끌기 위해 여러 가지 좋은 일도 하지만, 반대로 더욱 사고를 치는 객기를 부리기도 한다. 성인이 되어서도 많은 사람이 사회적 관심이나 주변의 관심을 받고 싶어 튀는 복장, 머리 스타일을 하거나 옷이나 장신구에 지나치게 신경을 쓰거나 이상한 행동을 하기도 한다.

조직 내에서 구성원 간 우호적인 관심을 갖는 것은 개인을 동기부여 시키고 조직을 활성화하는 데에 크게 도움이 되는 일인 것은 분명하다. 우호적인 관심은 서로에게 친밀감을 형성하게 함으로 커뮤니케이션을 활성화하며 동기부여 한다고 한다. 최근 연구에서도 커뮤니케이션의 만족이 조직의 활성화를 유도하여 조직 몰입과 조직의 성과를 높이게 된다고도 하였다. 그렇다면 조직의 활성화를 위해서는 서로에게 우호적인 관심을 가질 수 있도록 노력해야 한다고 생각된다. 특히 감성이 풍부한 여성들로 구성된 여성 조직의 리더의 경우에는 조직 구성원들이 리더의 관심을 받고 싶어 한다는 것을 언제나 명심해야 한다.

## 리더가 관심을 표시하는 방법 3가지

우선 여성 조직의 리더는 조직의 구성원들로부터 존경받고 사랑받으려면 먼저 그들에게 관심을 표시해 주어야 한다. 여러 조직을 경험해 보면 불과 수십 명밖에 안 되는 직원들까지도 이름조차 기억하지 못해서 이름을 부르지 못하거나 아예 관심조차 보이지 않는 리더들이 있는데, 그러한 리더를 구성원들은 어떻게 생각할까? 과거 전제군주 시대의 리더는 직위나 권위로 조직을 다스릴 수 있었겠지만, 현대의 리더는 직위나 권위로만 조직을 동기부여 하고 활성화시키는 것은 불가능하다. 더욱이 여성 조직의 경우라면 더 말할 필요도 없다.

관심을 표시하는 첫 번째 방법은 직원들의 이름을 외우는 것이다. 이름과 함께 인적 사항을 외우는 것이다. 나이나 학교, 가족 관계를 포함한 이름을 외우면서 자연히 직원들 간의 관계나 친밀감, 업무 적응 수준, 성격, 서열을 파악할 수도 있는 것이다.

필자는 콜센터를 운영하면서 항상 직원들의 이름과 나이를 기억하고 이름을 불러주었다. 수백 명이 넘는 콜센터에서 사업본부장이 말단 여직원 상담사의 이름을 누구나에게 직접 불러준다는 것은 그들의 표현을 빌리면 '감동으로 느껴졌다'고들 하였다. '수백 명이 넘는 콜센터에서 사업본부장이 어떻게 나의 이름을 기억하지?' 이름을 기억해 준다는 것은 늘 직원들의 의문이고, 관심 사항이었다. 콜센터의 책임자로 있던 10여 년 동안 이름을 부르지 않고 '어이'라든가 '이봐'라든가 또는 '아가씨'나 '여보세요' 등 어떠한 명칭으로도 다르게 부른 경우는 한 번도 없었던 것 같다. 사실 외우지 못해 이름이 생각나지 않는 경우에는 부르지 않거나, 얼른 컨닝을 하거나 했으니까. 하지만 직원들의 이름을 외우기 위해 부단한 노력을 했음은 물론이다. 경우에 따라 100% 전체 이름을 다 기억하지 못하더라도 가능한 모든 이들의 이름을 불러 주면 그것만으로도 직원과 리더 사이에 더욱 친밀감이 생기며 직원들의 리더에 대한 존경심도 자연히 우러나오는 것이다.

　또한, 경력 단절 후 재취업 여성이 많은 콜센터의 경우 나이가 회사의 직책보다 서열화되는 경우가 많은데, 나이를 기억해 주는 것은 그들의 비공식 서열을 인정해 주는 것과 비슷하다. 그러한 그들을 인정해 주면 그들과 대화가 가능해지고, 그들과 함께 한다는 느낌을 구성원들에게 강하게 어필할 수 있을 것이며, 그들의 생각을 읽을 수 있게 된다. 그러나 어떠한 경우에도 공식적으로는 직급을 우선시해야 하는 것은 두말할 필요도 없을 것이다.

두 번째는 그들의 변화에 관심을 표시해 주는 것이다. 사실 남자들은 여자들의 변화를 잘 알아채지 못한다. 심지어 아내가 머리 모양을 바꾸어도 또는 새 옷을 사서 옷을 바꾸어 입어도 남자들은 눈치채지 못하는 경우가 무수히 많다. 필자도 아내가 머리모양을 바꾸어도 눈치채지 못하는 경우가 많아 살아오면서 아내로부터 수없이 많은 핀잔을 들어 왔다. 결혼 30년이 지난 이제는 아내로부터 별로 핀잔을 듣지 않게 되었다. 이는 아내도 나로부터 관심 표현을 받는 기대수준을 낮추거나 포기하고 나도 수없이 관심갖는 연습을 통해 예전보다는 조금 더 관심을 표시하려고 노력하였기 때문일 것이다. 개인차가 존재한다고 하더라도 대부분 여성은 주변 환경의 변화에 대하여 매우 민감하므로 상대방의 머리 모양이 바뀌거나, 옷이 바뀌어도 금방 알아차리는 경우가 대부분이다. 심지어 경험상 리더가 같은 와이셔츠를 이틀 연속 입은 것을 알아차리는 것은 언제나 여성 직원이었다.

반대로 그들이 바꾸는 헤어스타일이나 옷차림의 뒷면에는 상대방으로부터의 관심을 바라는 마음도 달려 있다. 특히 리더로부터의 관심 표현은 더욱 큰 효과를 발휘할 것이다. 상대방을 보고도 잘 모르겠거든 이렇게 말하면 된다. '어제보다 뭔가 모르게 달라졌네?', '잘 어울리는데?' 하면 된다. 어제와 같은 옷을 입었어도 변화가 아니어도 괜찮다. 꼭 바뀐 것을 알아채지 않아도 된다. 그저 리더가 직원에게 관심이 있다는 것만 표시해 주면 된다. 그렇다고 항상 보이는 대로만 표시하는 것 또한 금물이다. 예를 들어 이상한 옷차림을 했을 때나 어울리지 않더라도 '그런 싸구려 옷은 어디서 샀어?' 라고 하면 그것은 핀잔이며, 관심을 아니 줌만 못하다. 그것은 관심이 아니라 부정적 상처를 주게 된다. 부정적 상처는 동기부여가 아니라 한 순간 구성원을 원수로 만드는 일이 될 수 있음을 잊어서는 안 된다.

세 번째는 자주 인사하고 말을 거는 것이다. 직급이 높은 리더의 경우 특히 최고경영자나 CEO 중에서는 아침 출근 시에 수많은 직원이 마주치고 인사를 해도 못 본 체 지나가는 사람을 매우 많이 보아왔다. 그러고도 그 상사는 모든 직원들로부터 인사받고 존경받기를 원한다. 인사받지 않는 리더에게 인사하는 직원은 무슨 느낌을 받을까? 거기서 존경이나 친밀감이 생길까? 그렇지 않을 것이다.

여성 조직의 리더는 만날 때마다 인사하기를 권한다. 인사란 목례만을 말하는 것이 아니라 음성에 정감 있는 감정을 실어 인사하는 것이다. 심지어 사무실 복도에서 직원을 만나서도 "힘들어 보여. 좀 쉬어 가면서 천천히 해." 하고 표현을 한다면 그 직원은 천천히 하는 것이 아니라 오히려 리더를 존경하게 되고 더욱 업무에 충성을 다하게 될 것이다.

## 관심을 표시하는 것은 그들과 한편이 되는 것이다.

여성 조직에 대한 리더의 관심 표현은 개인들을 동기부여 시키고 조직을 활성화시킨다. 그뿐만 아니라 조직의 구성원들과 한 통속으로 인정받을 수 있는 기회가 된다. 한통속으로 인정받는다는 것은 그들과 한편이 되고 그들이 생각하는 가족만큼 가까워진다는 것이다. 한편이나 한통속이 되면 그들의 생각을 읽을 수 있을 뿐 아니라 그들이 무엇을 어려워하는지, 무엇을 요구하는 지를 알아차리게 될 것이고 당연히 그들로부터 존경과 사랑을 받게 될 것이다. 한편이 될 수 있다면 당연히 조직이 추구하는 목표도 한 방향으로 정렬이 될 수 있을 것이며 리더가 요구하는 대로 조직의 성과도 증대될 것이다.

혹 대화하는 직원들을 리더가 만났을 때 그들이 대화를 그치거나 모른 척한다면 아직 그들과 사이에는 많은 거리감이 존재하는 것이다. 언제나 그들의 대화에 끼어들 수 있는 준비를 하라. 그것은 항상 그들에게 관심을 표시하는 것으로부터 시작된다.

# 50 > > > > > 남성 조직의 리더는 1대 다수,
여성 조직의 리더는 모두가 1:1

최근 산업 사회의 발전과 아울러 사회의 다양화에 따라 조직의 문화나 관리 또는 운영과 관련된 많은 변화가 일어나고 있다. 하지만 남성 조직의 운영은 오랜 세월 동안 학습 경험된 계급사회에서 이루어져서 계급에 대한 관념에 의해 적응된 집단적 성격이 매우 강하다. 특히 현대에서도 남성들의 경우 긴 학교 생활과 2~3년여의 군대 생활을 통해 더욱 계급적으로 서열화되었고, 계급적 서열이 직장 생활로 이어지면서 개성을 강하게 발산하기보다는 집단의 목적에 개성을 포기하거나, 감추고 드러내지 않는 방향으로 자연스럽게 적응되어 온 것 같다. 여성의 경우는 수천 년의 오래된 역사 속에서도 가문이나 가정을 제외하면 여성들끼리의 교류나 계급에 의한 서열화가 확산되지 못하였으나, 현대에 와서는 오랜 기간 산아 제한 시대로의 변화를 거치면서 가정마다 자녀의 수가 급격히 축소되고, 경제적 성장을 경험하면서 가정마다 자녀에 대한 높은 교육열의 결과로 고학력, 고능률의 자녀가 사회로 대거 진출하여 스스로 개성을 강하게 표현할 수 있도록 육성되었다.

다시 말하면 일반적으로 집단적인 면보다는 개성적인 면이 훨씬 더 강하다고 할 수 있는 현대 사회의 여성 조직을 관리하는 리더는 조직의 구성원들에 대하여 과거보다 더 많은 부분을 고려하지 않으면 안 된다. 과거 전제국가 시절의 계급 사회에는 태어나면서부터 양반, 즉 리더 군과 상놈이나 평민, 노예의 신분, 즉 팔로워 군으로 구분되었다. 태어나면서부터 불평등한 신분이 확정되어 정해진 일 평생을 살아가야 했지만, 출생 신분이나 계급에 의한 불평등이 대부분 사라져 버린 현대에는 누구나 리더가 될 수 있는 환경과 기회가 주어졌다. 가정 내에서도 자녀 모두가 왕자로 또는 공주로 키워지고 더욱 개성이 강한 개체로 성장하여 왔다고 판단된다. 따라서 현대 조직의 리더는 조직에 대하여 무차별적인 리더십의 집단적 행사는 조직 내에서 문제가 될 소지가 다분히 존재한다는 것을 항상 유의해야 한다.

## 남성 조직과 여성 조직을 관리하는 리더의 방식은 달라야 한다

여러 유형의 조직을 관리하면서 지나간 세월을 돌이켜 보면 개인이나 조직의 특성에 따라 서로 다른 형태를 보이기는 하겠지만, 경험상 남성 조직과 여성 조직을 관리하는 리더의 방식은 분명 달라야 한다는 것은 분명하다. 가령 예를 들어 조직 내 문제가 생겼을 때, 단체로 기합을 주거나 혼을 내고 나면, 남성 조직의 경우는 그

중 힘이 있거나 목소리가 큰 새로운 중간 리더가 나와 문제를 해결하고자 하며, 불만 표출 없이 일을 나누거나 진행하고 일단 문제를 먼저 해결하기도 한다. 그러나 여성 조직은 다르다. 단체로 혼이 난다고 해도 아무도 먼저 나서서 그 문제를 해결하려고 하지 않는다. 그 문제는 공동의 문제이므로 내가 나서면 나만 손해 본다는 생각이 더욱 강한 것이다. 더우기 단체로 혼이 나는 중에도 '나는 상관없는데 억울하다'는 생각을 많이 하게 되는 것이다. 따라서 전체적인 문제 해결을 위해서는 개인별로 문제를 나누고 개별로 책임을 지도록 해야 문제가 해결되는 것이다.

또한, 많은 여성 직원을 관리하면서, 직원들이 요구하는 바나 그들이 가고자 하는 미래에 대한 비전이나 욕구 등이 워낙 다양함으로 일괄적인 지시나 비전에 대한 Top Down 방식의 관리가 매우 무의미함을 확인할 수 있었다. 당연히 직원들 전체에게 일괄적인 비전을 제시하는 것도 무의미해졌다. 따라서 직원들을 동기부여 시키기 위한 비전의 발굴과 제시도 직원들의 입장이나 개성에 따라 다양하게 준비되고 변모되어야만 하였다.

그뿐만 아니라 회사의 정책도 서로 다른 입장에서 이해되어야 함으로 일방적으로 회사의 정책을 정해서 진행하는 것에서는 점차 반발의 강도가 강해져 가고 있는 것 같다. 사실 일부 CEO들의 경우 회사의 정책이나 지시 사항에 대하여 이의제기 없이 표면상으로 순응하는 부서나 조직을 더 좋게 보는 경향도 없지 않지만, 오히려 이러한 부서, 즉 회사의 정책이나 지시 사항의 변경에 대하여 항상 아무런 이의제기를 안 하는 부서나 조직은 조직 내 커뮤니케이션이 단절되고 불통됨을 뜻하며, 커뮤니케이션 자체가 매우 폐쇄적인 조직을 의미한다. 즉 회사의 정책이나 지시 사항의 변경에 대해 다른 의견이나 이의가 있어도 의견 개진이나 이의제기를 할 수 없도록 부서나 조직의 분위기가 되어 있거나 그 부서장이나 조직의 리더가 의견 개진이나 이의제기할 경우 불이익을 주거나, 강압적이고 폐쇄적으로 이끌어가는 조직임으로 그러한 조직은 자율적인 성장이나 발전을 기대할 수 없는 조직임을 기억해야 할 것이다. 특히 여성 조직의 경우는 개방적 커뮤니케이션이 조직의 동기부여 주요 요소임을 절대 잊어서는 안 될 것이다.

## 여성 조직의 리더는 1:1 관리가 필요하다.

감성이 다양하고 유연하며, 개성이 강한 여성 조직에 대하여는 일률적이고 획일적인 지시보다는 회사의 정책 결정에 자율적으로 참여시키거나 정책에 대한 사전 공유 등을 통한 동기부여가 필요하다. 다시 말하면 과거의 통제 및 계급서열형 구조의 남성 조직은 리더가 획일적으로 1대 다수의 통제나 지시, 관리가 가능하였지만, 고능률 여성 조직은 리더와 조직 구성원 모두가 각각 1:1의 통제나 지시, 관리로 이루어져야 한다는 것이다. 그러기 위해서는 정기적, 부정기적 면담이 많이 이루어져야 하고, 그들의 의견에 귀를 기울이며, 더욱 많은 자율권을 부여해야 한다. 특히 회사의 주요 정책 결정에 자율적으로 참여할 수 있는 기회를 제공함으로써 그들을 더욱 크게 동기부여 시킬 수 있다는 것을 잊어서는 안 된다. 특히 여성 조직의 리더는 많은 지시를 하는 것보다 직원들의 이야기를 많이 들어줘야 한다. 조직 내에 개방적 커뮤니케이션 시스템을 구축하여 구성원들 모두가 자유롭게 의견을 제시할 수 있도록 하는 것이 조직 구성원을 더욱 높이 동기부여 시키고 조직의 성과를 크게 높일 수 있는 일임을 반드시 기억해야 한다.

제4차 산업혁명 시대
# 성공적인 여성조직 50가지 노하우

초판 1쇄 인쇄    2018년  3월  15일
초판 1쇄 발행    2018년  3월  21일

지은이 | 손석주
펴낸이 | 박정태
편집이사 | 이명수              감수교정 | 정하경
편집부 | 김동서, 위가연, 이정주
마케팅 | 조화묵, 박명준, 송민정    온라인마케팅 | 박용대
경영지원 | 최윤숙

펴낸곳        BOOK★STAR
출판등록      2006. 9. 8. 제 313-2006-000198 호
주소          파주시 파주출판문화도시 광인사길 161 광문각 B/D 4F
전화          031)955-8787
팩스          031)955-3730
E-mail        kwangmk7@hanmail.net
홈페이지      www.kwangmoonkag.co.kr

ISBN         979-11-88768-04-2    03320
가격         16,000원